ヴィゴツキー入門

柴田義松

寺子屋新書
020

はじめに

ロシアの天才的心理学者ヴィゴツキー（一八九六〜一九三四年）の心理学・教育学説への関心は、最近、欧米諸国でますます高まってきています。早熟で非凡な才能の持ち主であったヴィゴツキーは、のちに「心理学におけるモーツァルト」と呼ばれるようにもなりましたが、その秀才ぶりは、たしかに少年時代から発揮されていました。彼は私立のギムナジヤ（中等学校）でドイツ語、フランス語、ラテン語を学ぶほか、家庭では英語、古代ギリシャ語、古代ヘブライ語を学び、卒業成績によると、全教科で優秀な成績をおさめ、哲学で最高点をとっています。

その短い生涯のなかで、彼は「繊細な心理学者、博識な芸術学者、有能な教育学者、たいへんな文学通、華麗な文筆家、鋭い観察力をもった障害学者、工夫に富む実験家、考え深い理論家、そして何よりも思想家」として並外れた才能を発揮したと、ヴィゴツキーの伝記作者レヴィチンは書いていますが、ヴィゴツキーの多才ぶりは、これだけではまだ語り尽くせていないほどです。

モスクワの研究所で心理学研究をはじめると、彼はわずか数年のうちに若い研究者たちを組織して、のちにソビエト心理学の中核となるばかりか、国際的にも広がりを見せるヴィゴツキー学派を形成しました。その一方、彼の妹の話によると、「兄が演劇のことを考えたり書いたりしない時期は、生涯のうちに一度もなかった」ということです。この話を裏づけるかのように、日本人でヴィゴツキーと面談した唯一の学者と思われる森徳治は、ヴィゴツキーの思い出として、彼が「大の演劇愛好家」であり、世界の三大名優の一人に「左団次」の名をあげながら、「私は日本の歌舞伎がモスクワで上演された一週間、毎日欠かさずに観劇した。本当にすばらしかった」というのが、彼の最初のあいさつの言葉だったと述べています。

このように詩・演劇の研究からはじまって歴史、哲学、心理学、教育学、障害学、医学へと多方面に研究領域を広げていったヴィゴツキーの著書・論文は、どれを読んでもじつに刺激的で、心がおどります。この先に何が書いてあるかと、いつもわくわくしながら前へ、先へと読み進めることになるのです。

私がヴィゴツキーの本に最初に出会ったのは、大学院に在学中のことでしたが、読みはじめると止まらず、あの分厚い『思考と言語』のロシア語の原書を徹夜してまで一気に読み終えようとしたことをおぼえています。もちろん、そうは簡単にはいかなかったのですが、やがて翻訳書を出すことが決まったとき、まる一年もかけずに訳し終えることができたのは、やはりこの本がほかの心理学書にはない特別の魅力に満ちていたからでした。

通俗的な心理学書のなかには、読者の興味をひくような話題を集めて、面白おかしく読めるような本も、たくさん出ています。ヴィゴツキーの魅力は、そのようなものとはまるでちがいます。

取り上げるテーマからいえば、正統派心理学の教科書と変わりありません。「心理学の方法」「発達と学習」「子どものことばと思考の発達」「記憶と想像」「障害児の発達と教育」といった内容です。

これらの心理学的テーマの問題の立て方、議論の進め方に魅力があるのです。ヴィゴツキーの論文は、どれも熱っぽく論争的で、まず伝統的な心理学や教育学に対して果敢な論争を挑みかけることからはじまっています。これは、一つには、ロシア革命後のまさに時代的風潮がそうさせたのだともいえるでしょう。周知のように、ロシア革命は、国内外の政治・経済から学問や芸術にいたるまで、あらゆる分野の人々に大きな衝撃を与えました。

ヴィゴツキーはその十月革命が起こった一九一七年にモスクワ大学を卒業し、しばらく郷里の白ロシアで中等学校や師範学校の教師をしたあと、一九二四年にモスクワに戻り心理学研究所に勤めるようになったのですが、その心理学や教育の世界も、まさに大きな転換期に直面していました。ヴィゴツキーは、「心理学の危機」としてこの問題を取り上げ、欧米の観念論的心理学の諸流派に徹底した批判を加えたうえで、科学的・唯物論的心理学の方法論建設をめざしたすばらしい著作を一九二七年に書きあげています。

この本は、ゲシュタルト心理学やフロイトの精神分析学、さらにはマルクス主義哲学などの基礎知識がないと少々難解な書物ですが、ヴィゴツキーのその他の著書・論文は、心理学初心者にとってもけっしてそれほど難しい論を説くものではありません。

〈発達の最近接領域〉の理論をはじめとして、ヴィゴツキーの心理学説は、人間の心理発達の法則性や心理過程の基本原則を明らかにするものです。それが人間の真実であるかぎり、だれにもわからないはずはありません。真理、真実というものは、多くの場合、むしろ単純で、わかりやすいものです。

そして、ヴィゴツキーの心理学説は、ひじょうに実践的性格をもっています。

古い心理学は、「模倣」を純粋に機械的な活動と見る傾向がありました。これに対して、ヴィゴツキーは、模倣を通じた「協同」による発達、教授‐学習による発達は基本的事実であり、子どもがきょう協同でできることは、明日には一人でできるようになるとし、「教育学は、子どもの発達の昨日にではなく、明日に目を向けなければならない。そのときにのみ、それは〈発達の最近接領域〉にいま横たわっている発達過程を教授の過程において現実に呼び起こすことができる」と考えました（本書二六頁）。これは、いってみれば、子どもの発達と教育との関係について当然の事実ないし原則のことをいっているのではないでしょうか。しかし、現実にはいまでもこの原則に反して、子どもがすでに一人でもできるようなことを基にした授業が平気で行われていることも事実だと認めなければならないでしょう。

ヴィゴツキーは、さらにこの原則に基づいて、異質な能力をもった子どもたちが協同で学び合うことの大切さを、健常児だけでなく障害をもった子どもの集団についても確かめました（本書一八二頁）。「異質協同の学習」の重要性は、日本でも民間の教育研究団体の教師たちによって、古くから主張され、実践されてきていますが、ヴィゴツキーの研究はそのような実践の正しさを理論的に裏づけるものといってよいでしょう。

没後七〇年たったいまもその魅力が衰えず、むしろより注目され評価されてきているのは、ヴィゴツキー学説にこのような現代性があるからです。

本書は、そんなヴィゴツキー学説の魅力とその現代的意義をできるだけ多くの心理学・教育学の学生や、現場の教師、教育研究者たちに知ってほしいと思ってまとめた入門書です。ヴィゴツキー学説の真髄を味わうためには、もちろん彼の著書に直接あたることが必要ですが、その前に、ヴィゴツキー学説の全貌を本書で大まかにつかんでおいたほうがより効率的で、わかりやすくなるだろうと思います。どうぞ、まず手にとって、この門を開いてみてください。

ヴィゴツキー入門●目　次

第3章　話しことば・書きことば・内言の発達

第1章

心理学におけるモーツァルト

1　ヴィゴツキーの生涯

わずか十七年の学究生活

レフ・セミョノヴィチ・ヴィゴツキー（一八九六〜一九三四年）は、ロシアが生んだ天才的学者の一人です。

スイス生まれの同じく天才肌の心理学者ジャン・ピアジェと同年の一八九六年に、白ロシア（現・ベラルーシ）のユダヤ人家庭で生まれました。

ピアジェは、一九八〇年に数々の業績を残して八十四歳の生涯を閉じました。天寿を全うしたといってもよいでしょう。

一方のヴィゴツキーは、一九三四年に三十七歳の若さで結核により病死しています。長生きをしていたら、恐らくピアジェと並ぶ世界的な大心理学者として、またピアジェの好敵手として、全世界の心理学界にもっと早くから大きな影響を与えたにちがいないのにと惜しまれます。

しかし、一九三〇年代ロシアの特殊事情——スターリン独裁体制下での児童学攻撃——のことを考えると、これとは別の見方もあり得るかもしれません。つまり、もしもっと長生きをしていたら、ヴィゴツキー自身はより不幸な死を迎えることになったかもしれないのです。このことについては本書の別の章でふれることにしましょう。

早熟で非凡な才能の持ち主であり、のちに「心理学におけるモーツァルト」とも称せられたヴィゴツキーは、十月革命の起こった一九一七年に国立モスクワ大学の法学部と、自由主義・民主主義的な学者・大学教員の集まるシャニャフスキー市民大学の歴史・哲学部とを同時に卒業しました。ヴィゴツキ

ーは、この市民大学で、ブロンスキーというマルクス主義教育学者の心理学と教育学の講義を受けています。

この卒業の年から数えたとしても、彼が心理学の研究にたずさわったのは、わずか十七年にすぎません。この短期間に、彼は驚くほど生産的に後世に残る数々のすぐれた業績を多方面にわたって生み出しました。

学生時代に文学・演劇の研究から心理学の研究へと移っていったヴィゴツキーの最初の著作は、『芸術心理学』(一九二五年)です。

シェイクスピアの『ハムレット』や、ロシアの作家クルイロフの寓話などを分析しながら、芸術作品が私たちの心理に呼び起こす美的反応の法則性を明らかにしようとしたものです。なお、これの初稿にあたる卒業論文「シェイクスピアのデンマークの王子ハムレットの悲劇」(一九一六年)も、日本語に訳出されています(『ハムレット、その言葉と沈黙』峯俊夫訳、国文社)。

このようにしてヴィゴツキーの心理学研究は、モスクワでの大学生時代からはじまっていたのですが、大学卒業後、帰郷して白ロシアのゴメリ市の中等学校や師範学校などで文学・美術・論理学・心理学・教育心理学などを教えていたヴィゴツキーを、モスクワの心理学研究所に呼び寄せるきっかけとなったのは、一九二四年一月六日にペトログラードで開催された第二回全ロシア精神神経学会で行ったヴィゴツキーの報告「反射学的・心理学的研究の方法論」でした。

レヴィチンによれば、この報告を聞いていたア・エル・ルリア（当時モスクワの心理学研究所学術秘書）は、つぎのように語っていたといいます（レヴィチン『ヴィゴツキー学派――ソビエト心理学の成立と発展』、ナウカ社）。

当時、まだ二十八歳にもならない青年であったヴィゴツキーは、演壇に上がると、人間の意識やその発達過程への科学的アプローチがもつ意義、そして、その過程の研究方法について、半時間以上にわたり明瞭かつ整然と、論理的に話をしました。

ヴィゴツキーは手に小さな紙切れを持ち、時折それを見ていましたが、演説が終わってからルリアが彼に近づいてその紙切れを見たら、それには何も書かれていなかった……ということです。

ヴィゴツキー学派の誕生

ヴィゴツキーの行った報告は、ルリアにひじょうに大きな印象を与えました。当時、ソビエトの心理学界で支配的だった行動主義的・反射学的な心理学について、人間の意識の問題が抜け落ちていると批判していたからです。しかも、その報告には説得力がありました。ルリアはこのまったく無名の人物を、いますぐモスクワの心理学研究所に呼び寄せるように、研究所の所長コルニーロフの説得に取りかかりました。

こうして、ヴィゴツキーは家族とともに、翌月一月からその研究所の地下室に住み込むようになりました。

モスクワでの生活をはじめたヴィゴツキーは、クルプスカヤ名称共産主義教育アカデミー、第一、第二国立モスクワ大学、ゲルツェン名称レニングラード教育大学などの大学や研究所にも講師に招かれ、研究所を提供されました。また、教育人民委員部（日本の文部科学省に相当）の障害児教育課の指導にもあたりました。

一九二六年には、彼の第二の著作『教育心理学講義』が出版されています。これもすばらしい、内容の濃密な書で、とても三十歳に満たない青年が書いたとは思えないほどのものでした。

この年にヴィゴツキーは結核でしばらく病床についたのですが、床に臥しながら当時の代表的心理学諸流派（行動主義、ゲシュタルト心理学、フロイト主義、人格心理学など）の批判的検討にとりかかり、翌年、きわめて鋭い批判的精神に満ちた心理学方法論の研究書『心理学の危機の歴史的意味』（出版は死後、邦題『心理学の危機』）を書き上げました。

この時期の彼の活躍ぶりは、まさに超人的で、多数の青年学徒を組織して研究者集団「ヴィゴツキー学派」をつくり出したり、さまざまの心理学的・教育学的問題に関する独創的な実験研究を行ったりしました。

これら青年の多くは、その後、ソビエト心理学界の重鎮となっています。ア・エヌ・レオンチェフ、ア・エル・ルリア、エリ・イ・ボジョビッチ、ア・ヴェ・ザポロジェツ、デ・ベ・エリコニン、エリ・ヴェ・ザンコフ、ペ・ヤ・ガリペリンらがそうで、彼らはソビエトの児童心理学・教育心理学の代表的存在として海外にも名を知られています。

2 〈発達の最近接領域〉の理論

ここで早速、ヴィゴツキーのきわめて独創的なアイデアの一つを簡単に紹介することにしましょう。〈発達の最近接領域〉の理論として有名な考えです。

子どもの精神発達と教授－学習との関係

この概念は、子どもの精神発達と教授－学習との関係をどのようにとらえるかということでヴィゴツキーが考え出した新しい心理学概念です。

園芸家が自分の果樹園の成育状況を知ろうとするときに、成熟した、実を結んでいる果樹だけでそれを評価するのはまちがっているのと同じように、心理学者も、子どもの発達状態を評価するときには、成熟した機能だけでなく、成熟しつつある機能を見なければならないとヴィゴツキーはいいます。すなわち「現下の発達水準」だけでなく、〈発達の最近接領域〉

をも考慮しなければならないと、ヴィゴツキーは主張したのです。

しかし、どのようにそれをするのでしょうか。

従来の知能テストは、子どもの知能の「現下の発達水準」を見るものです。そのため、子どもが自分一人で、独力で解いた解答を指標として評価します。そこでは、当然、他人の助けを借りて出した答えは、何の価値もないと見なされていました。

ところが、ヴィゴツキーは、子どもの発達過程を真にダイナミックな姿としてとらえるためには、このような解答をこそ大切にしなければならないと考えたのです。

実際に、ヴィゴツキーはこんな実験をしました。二人の子どもをテストし、二人とも知能年齢が八歳だったとします。この子どもたちに、八歳より上の年齢のテストを与え、解答の過程で誘導的な質問やヒントを出して、助けてやります。すると、一人は十二歳までの問題を解き、別の子どもは九歳までの問題しか解けないということのあることがわかりました。

他人の助けを借りて子どもがきょうなし得ることは、明日には一人でできるようになる可能性があります。

このことから、最初の知能年齢、つまり子どもが一人で解答する問題によって決定される「現下の発達水準」と、他人との協同のなかで問題を解く場合に到達する水準＝「明日の発達水準」との間の差違が、子どもの〈発達の最近接領域〉を決定する、とヴィゴツキーは主張しました。

明日の発達に目を向ける教育

〈発達の最近接領域〉は、すでに成熟した機能、発達のすでに完了した機能ではなく、いままさに成熟せんとしつつある機能を明らかにするものです。したがって、それは、子どもの「明日の発達水準」を示すものでもあります。

ヴィゴツキーは、そこで協同学習や模倣の教育的意義を考え直す必要があると考えました。子どもは、協同学習のなかでは、つねに自分一人でするときよりも多くのことをすることができます。周囲の子どもたちの考え方ややり方を見て学び、模倣することで、できないこともできるようになります。子どもは、「自分一人でもできる」ことから「自分一人ではできない」ことへ、模倣をとおして移行するのです。

発達にとっての教授－学習の意義も、まさにこの点にこそあります。模倣は、教育が発達におよぼす影響の実現される主要な形式なのです。

学校における教授－学習は、ほとんどが模倣に基づいて行われています。学校において、子どもは自分が一人ではまだできないこと、しかし教師の協力や指導のもとではできることを学ぶのです。

教育において基本的なことは、まさに子どもが新しいことを学ぶことにあります。「子ども時代の教育は、発達を先回りし、自分の後ろに発達を従える教育のみが正しい」(『思考と言語』三〇二頁) とヴィゴツキーは主張しました。

教育が、発達においてすでに成熟しているものを利用するにすぎないのであったら、それ自身が発達を促進し、新しいものの発生の源泉となることはできません。ですから、教育はつねに「後ろに発達を従えた教育」でなければならないのです。

この意味で、教育学は、子どもの発達の昨日にではなくて、明日に目を向けなければなりません。

ただし、教育は、模倣が可能なところでのみ可能です。小学一年生に微積分を理解させることが不可能なように、模倣によって子どもが無限に何もかもを達成できるわけではありません。その可能性を決定するのが、子どもの〈発達の最近接領域〉です。〈発達の最近接領域〉の範囲にある課題については、協同のなかで達成が可能になるのです。

子どもの思考の特質に合わせる教育への批判

ところが、実際には、このように子どもの明日の発達に基づくのではなくて、昨日の発達水準、あるいは今日すでに成熟している子どもの思考の特質にのみ基づいて行われている教授-学習が少なくありません。

ソビエトで一九二〇年代に一時流行したコンプレックス・システム（総合学習方式）はそのようなものでした。このシステムは、子どもの「思考の特質に合う」ものだと主張されていました。

ヴィゴツキーは、それに反対し、「学校へ入学したら追い越していかなければならないような思考様式を、子どもの発達のなかに定着させようとするもの」だとして批判しました。子どもの「思考の特質に合う」ということは、昨日までのすでに成熟している思考を基準にしています。それは、「もっとも抵抗の少ない線を目標とし、子どもの強さにではなく弱さに目を向けた」（『思考と言語』三〇三頁）ものだとヴィゴツキーは表現しました。

「明日の水準」に目を向けるならば、「思考の特質に合う」かどうかではなく、子ども自身が独力ではできないことに目を向け、できることからできないことへの移行を考慮しなければばなりません。ヴィゴツキーは、アメリカのジョン・デューイの児童中心主義教育思想の影響を受けたコンプレックス・システムは、子どもの発達を自分の後ろに従えるかわりに、発達の後ろに従う教育だといいます。

教授は、発達の前を進むときにのみよい教授である。そのとき教授は、成熟中の段階にあったり、〈発達の最近接領域〉にある一連の機能を呼び起こし、活動させる。ここに、発達における教授の主要な役割がある。

（『思考と言語』三〇四頁）

これが、発達と教授との関係に関して、ヴィゴツキーが到達した結論でした。

二つの仮説から

「後ろに発達を従える教育」を主張することからもわかるように、ヴィゴツキーは子どもの精神発達をつねに文化的・社会的環境と教育との深いかかわりのなかでとらえようとしました。ピアジェが子どもの心理の研究において「教授的干渉」をできるかぎり排除したことと、ひじょうに対照的です。

このようなヴィゴツキーの発達理論は、二つの仮説に基づいていました。

一つは、人間をほかの動物と区別する基本的なものが、「道具」を使うということであり、これによって人間と自然との関係が道具を媒介とする間接的な関係になるように、人間に特有な高次の精神活動は、自然的・直接的な心理過程が「心理的道具」＝言語を媒介とすることによって間接的な過程に転化するというものです。これは二章で詳しく説明します。

もう一つの仮説が、人間の内面的な精神過程は、「精神間機能」から「精神内機能」へ転化することから生まれるというものです。

精神間機能から精神内機能へ

ヴィゴツキーは、高次精神機能の発達の基本となる法則をつぎのように定式化しています。

あらゆる高次の精神機能は、子どもの発達において二回現れる。最初は、集団的活動・社会的活動として、すなわち精神間機能として、二回めには個人的活動として、子どもの思考内部の方法として、すなわち精神内機能として現れる。

（『発達の最近接領域の理論』二一〜二二頁）

人間に特有な高次の精神活動は、最初、ほかの人々との協同作業のなかで、外的な「精神間（interpsychical）機能」として現れます。それが、やがて個々人の「精神内（intrapsychical）機能」、つまり論理的思考や道徳的判断、意志などの様式へ転化していくということです。

その何よりの具体例となるのは、子どもにおけることばの発達です。ことばは、はじめは子どもとまわりの人々とのあいだのコミュニケーションの手段として発生します。この話しことばが、六、七歳ごろに〈内言〉に転化するようになって、ことばは子ども自身の思考の基本的方法となり、子どもの内部的精神機能となるのです。ことばだけではありません。ことばと結びついて論理的思考も、また道徳的判断や意志の発達も、まわりの人間との相互関係から発生します。まさに集団的遊びのなかで自分の行動を規則に従わせる能力がまず発生し、その後、子ども自身の内部的機能として行動の意志的調整が発生するのです。

このような高次精神機能の発達の一般法則は、子どもの教授-学習過程にも完全に適用することができるとして、ヴィゴツキーはつぎのようにいいます。

教授の本質的特徴は、教授が〈発達の最近接領域〉をつくり出すという事実にある。

すなわち、いまは子どもにとってまわりの人たちとの相互関係、友だちとの協同のなかでのみ可能であるが、発達の内面的過程が進むにつれて、のちには子ども自身の内面的財産となる一連の内面的発達過程を子どもに生ぜしめ、呼び起こし、運動させるという事実にある。

（『発達の最近接領域の理論』二二～二三頁）

注目すべきことに、ヴィゴツキーはもっと若いときの著作（一九二六年）においても、つぎのように述べています。

教師には教科の高度の知識と自分の仕事の技術が求められます。それに加えて、現在の教授法は学校の気風となるべき積極性と集団主義を教師に求めます。教師は、学校集団の重要な構成部分として生きねばなりません。

（『教育心理学講義』二八四頁）

〈発達の最近接領域〉の理論は、このようにして、子どもの精神発達における教師の先導的役割の必要とともに、子ども自身の積極的な内面的活動、そして第三に子どもたちの集団的・協同的活動の必要性を説く理論であったのです。

3　ヴィゴツキー・ルネッサンスの時代

ヴィゴツキー再評価のはじまり

ヴィゴツキーの主要な著作『高次精神機能の発達史』（一九三一年、邦題『文化的-歴史的精神発達の理論』）や『思考と言語』（一九三四年）などは、すべて一九三〇年前後に書かれたものです。ヴィゴツキーの心理学説が、アメリカをはじめとして広く国外にも知られるようになったのは、一九六〇年代に入ってからのことです。それは、どのような理由によるのでしょうか。

六〇年代というのは、世界のおもな国々で教育課程（カリキュラム）の改造＝「現代化」が競って行われたときです。科学・技術革新の時代的要請に応えて、数学や自然科学の教科を中心に、教科書内容のつくり変えや教育方法の改革が行われようとしたのです。一九五七年に世界最初の人工衛星スプートニクがソビエトで打ち上げられたことが、アメリカにおけるカリキュラム改革の大きな動因（スプートニク・ショック）となりました。

アメリカでは、その翌年に国家防衛教育法が制定され、ハイスクールの物理・数学・化学・生物学などの教科書を根本的に刷新する研究プロジェクト――すなわち、PSSC（物理科学研究委員会）をはじめとしてSMSG（学校数学研究グループ）、BSCS（生物科学カリキュラム研究委員会）など――が連邦政府の援助のもとで続出しました。六〇年代にはそれが「科学教育の現代化」として国際的にも数学・自然科学教育を中心としたカリキュラム改革の大きな潮流をつくり出したのです。

この改革は、そのような教科内容を習得する子どもの知的能力や発達段階に関して、従来の固定的な見方をあらためるという動きをともないました。教科教育の内容や方法を「現代化」すれば、これまで抽象的で、子どもにはとても習得不可能と思われていた高次の科学的概念や法則も十分に習得可能であると主張されたのです。

アメリカの心理学者ブルーナーは、子どもの興味から出発するというデューイの論に異を唱え、「どの教科でも知的性格をそのままに保って、発達のどの段階のどの子どもにも効果的に教えることができる」という大胆な仮説を立てました。その仮説をもとに、彼が科学的概念を体系化した「教科の構造」の早期教育を図る現代化を大胆に推し進める提案をしたことは国際的に大きな反響を呼びました（ブルーナー『教育の過程』岩波書店）。

ヴィゴツキーの〈発達の最近接領域〉の理論をはじめとして、ソビエトの心理学や教育学への関心がアメリカで高まり、注目されだしたのは、このブルーナーたちの努力によるものでした。ヴィゴツキーの『思考と言語』の英訳は、ブルーナーの序文をつけて一九六二年に出版されています。

さらに毎月のソビエトの教育雑誌から主要な論文を集め翻訳した雑誌「Soviet Education」が創刊されたのは一九五八年、同じく心理学論文の翻訳雑誌「Soviet Psychology」が創刊されたのは一九六二年のことです。

日本でのヴィゴツキーの受け入れ方

わが国でヴィゴツキーの心理学説に関心が寄せられるようになった背景にも、これと似たような状況がありました。

第二次大戦後、アメリカの経験主義教育学の影響を強く受けてきた日本の教育は、「読み書き計算」の基礎学力をはじめ、数学や自然科学の教育のうえで、種々の欠陥を表していました。子どもの興味や経験によりかかって、学問の系統性を軽んずる、いわゆる「新教育」の学習方式は、基礎学力の低下を引き起こしていました。

これに対し、系統的な科学教育を推し進めようとする民間の教育研究運動は、一九六〇年代に入ると「量の体系」や計算の「水道方式」のような新しい教科の系統を生み出しました。「すべての子どもにわかって、しかも程度の高い数学教育をつくりあげる」ことを数学教育協議会はめざしましたし、「すべての子どもに高く易しい自然科学の教育を」が、科学教育研究協議会のスローガンとされていました。

子どもの知的発達における教育の先導的役割を重視するヴィゴツキーの〈発達の最近接領域〉の理論は、従来の伝統的心理学や「新教育」の理論における、子どもの知的発達を教育の結果としてよりも前提として考えるような傾向とは真っ向から対立するものです。「発達を先回りし、自分の後ろに発達を従える教育のみが正しい」という考えは、戦後の「新教育」理論に懐疑的であった学校の教師たちに、幼児教育や障害児教育を含めて広く受け入れられていきました。ヴィゴツキーの学説、〈発達の最近接領域〉の理論や科学的概念の形成と発達に関する理論は、このような教育研究の理論的支柱となるものだったのです。

ヴィゴツキーの心理学説は、彼の主著『思考と言語』の翻訳（一九六二年）によって、六〇年代初頭より著名となり、この本は二十年以上にわたって毎年版を重ねるほどに広く読まれ、わが国の教育界に大きな影響を与えるものとなりました。

これに対し、わが国の心理学者がヴィゴツキーの心理学説に大きな関心を示すようになったのは、アメリカにおけるヴィゴツキー研究が本格化し、ヴィゴツキー・ルネッサンスの時代とも呼ばれるようになった八〇年代に入ってからのことだといってよいでしょう。

ソビエトでの再評価からアメリカへ

「ヴィゴツキー・ルネッサンス」という言葉を最初に使ったのは、ソビエト教育科学アカデミーの会員、ダヴィドフのようです。

ソビエトでのヴィゴツキー再評価は、フルシチョフによるスターリン批判後の一九五〇年代末にはじまりました。ソ連共産党中央委員会による児童学批判の呪縛から解放されたソ連心理学界では、まず学習心理学の分野で、伝統的心理学の理論をパブロフの条件反射学説で補強しようとするメンチンスカヤたちのグループと、ヴィゴツキー学派のレオンチェフ、ガリペリンたちとの論争が六〇年代初頭に展開され、ヴィゴツキー学説に基づく学習理論の再編成が大きく進みました。

八〇年代に入るとそれが心理学の全分野におよび、ヴィゴツキーの心理学説を基礎にして心理学の方法論全体を見直し、発展させようとする動きがはじまりました。ダヴィドフは、それを「ヴィゴツキー・ルネッサンス」と呼んだのです。

このヴィゴツキー再評価の動きが、アメリカをはじめ諸外国にも波及することになりました。ヴィゴツキーを「心理学上のモーツァルト」と呼び、その弟子ルリアをベートーベンにたとえたシカゴ大学教授ツールミンはつぎのように書いています。

アメリカの心理学者は、第一次世界大戦後のロシア心理学界における最新発見と接触がなかった。二〇年代から三〇年代のソヴィエト心理学の主要な研究は、理論的なものも実験的なものも、アメリカ合衆国ではほとんどが知られておらず、最近ようやくニューヨークのロックフェラー大学のマイケル・コール教授の精力的な働きとイニシアチヴによって、英語の翻訳を通じてアメリカの読者に多少なりとも知られるようになってきた。コール教授は季刊誌「ソビエト心理学」の編集にあたっており、論文集『ソビエト発達心理学』三巻のうちの二巻の編集責任者でもある。コール教授がいまもヴィゴツキー論文の新しい出版の編集にあたっているのは、彼が古い文献発掘に執心しているからではなく、「二〇年代から三〇年代にかけてロシアで行われていたものの本質的な部分は、今日のアメリカの研究に相当する」と確信を抱いているからである。

（Toulmin, S. "The Mozart of Psychology" ／一九七八）

こうしてアメリカでは、ロシア語版『ヴィゴツキー著作集』全六巻（一九八二〜八四年）がモスクワで出版されるや、ただちにそれの全英語訳版（一九八七〜九八）の刊行にとりかかり、十年かけて完成させています。

ヴィゴツキーへのこのような熱い関心の底には、「人間の心理とは何か」の問いに、現代の心理学が満足な解答を提示できないのは、その方法論に根本的欠陥があるからではないか、という反省があります。ゲシュタルト心理学、フロイト心理学などの一面的な人間理解を克服して、人間を全体的に把握しようとするヴィゴツキーの方法論が注目を集めたのです。

欧米におけるヴィゴツキー研究は、ソ連邦崩壊以後の九〇年代になってから、ますます活発化する勢いを見せています。その点、ソ連研究やマルクス主義研究への熱が、そのころから急速に冷めていったわが国とは対照的であって、ヴィゴツキーを含めてマルクス主義の哲学・心理学の研究がアメリカをはじめとして西欧諸国で活発化するという逆転現象が起こっ

資料1

1 『思考と言語』柴田義松訳、明治図書、1962年
2 『精神発達の理論』柴田義松訳、明治図書、1970年
3 『ハムレット、その言葉と沈黙』峯俊夫訳、国文社、1970年
4 『芸術心理学』柴田義松・根津真幸訳、明治図書、1972年
5 『子どもの想像力と創造』福井研介訳、新読書社、1972年
6 『子どもの知的発達と教授』柴田義松・森岡修一訳、明治図書、1975年
7 『児童心理学講義』柴田義松・森岡修一訳、明治図書、1976年
8 『障害児発達論集』大井清吉・菅田洋一郎監訳、ぶどう社、1982年
9 『心理学の危機』柴田義松・森岡修一・藤本卓訳、明治図書、1987年
10 レヴィチン『ヴィゴツキー学派——ソビエト心理学の成立と発展』柴田義松監訳、ナウカ社、1983年

資料2

11 『子どもの心はつくられる——心理学講義』菅田洋一郎監訳、新読書社、2000年
12 『新訳版　思考と言語』柴田義松・新訳版、新読書社、2001年
13 『新児童心理学講義』柴田義松ほか訳、新読書社、2002年
14 『発達の最近接領域の理論』土井捷三・神谷栄司訳、三学出版、2003年
15 『思春期の心理学』柴田義松・森岡修一・中村和夫訳、新読書社、2004年
16 『教育心理学講義』柴田義松・宮坂琇子訳、新読書社、2005年
17 レオンチェフ『ヴィゴツキーの生涯』菅田洋一郎訳、新読書社、2003年
18 『文化的−歴史的精神発達の理論』柴田義松監訳、学文社、2005年
19 ヴィゴツキー学協会年報『ヴィゴツキー学』神戸大学発達科学部土井捷三研究室、2000－2005年
20 『障害児発達・教育論集』柴田義松・宮坂琇子訳、新読書社、2006年

ているのです。

わが国で六〇年代から八〇年代にかけて翻訳されたヴィゴツキー関係の書物は資料1の十点で、六巻著作集の約半分ほどになります。

そして九〇年代にやや停滞するのですが、二十一世紀に入るころから新たなヴィゴツキー研究復興の動きが見られるようになりました。絶版になっていたヴィゴツキーの翻訳書の改訳版や、新たな研究書や翻訳書がつぎつぎと出版されました（資料2）。そして、各種の研究会が開かれるようにもなっています。

第2章

新しい心理学方法論の探究

1　「心理学の危機」克服のために

果敢な論争を挑む

私がヴィゴツキーの本をはじめて翻訳したのは、いまから四十五年も前のことです。翻訳という作業は本来、苦労ばかりが多いのですが、このときはじめて楽しさを味わいました。読んでいるとおもしろくてたまらず、翻訳するのがとても楽しかったのです。これまで訳したヴィゴツキーのほとんどの本がそうでした。

ヴィゴツキーのこのような魅力はどこからくるものでしょう。

その大きな理由のひとつは、ヴィゴツキーの論文がつねに論争的だということです。ピアジェをはじめ、西欧心理学のもっとも先端を行くような学者たちを相手に果敢な論争を挑んでいます。これは、わが国の心理学や教育学の本ではめったに見られないことです。しかも、その批判は確固たる論拠に基づいており、たいてい相手の理論の核心を鋭く突くものとなっています。

そのヴィゴツキーの著作のうちでももっとも論争的な書物の一つ、『心理学の危機の歴史的意味』（邦題『心理学の危機』）を紹介しながら、彼の心理学的方法論を見ていきたいと思います。

ヴィゴツキーは、当時のソビエトの主流派の心理学理論、そして西欧の心理学諸流派の分裂・対立を「心理学の危機」と呼びました。このような状況は「不可避的に生じる一定の段階」であるとしながらも、全体を統一するような科学的な心理学、新しい心理学体系が必要だと説いているのです。

唯物論心理学の建設をめざして

ヴィゴツキーは、十月革命後のソビエトにおいて、弁証法的唯物論の立場に立つ心理学の建設にもっとも大きな貢献をした心理学者です。

当時の欧米心理学に支配的であった観念論的ないし生物学的 - 自然主義的理論に対立する「精神の文化的 - 歴史的発達理論」を提唱し、人間に固有な高次の心理活動はすべて、心理的道具である記号＝言語を媒介とするところに特質があるとして、子どもにおける高次の精神活動の発達と教育の研究にも重要な業績を残しました。

ロシアには十九世紀の著名な唯物論哲学者ベリンスキー、ゲルツェン、チェルヌイシェフスキー、ドブロリューボフ、そしてレーニンなど、学問の各種領域に唯物論的伝統というものが革命前から存在していました。

心理学にとくに関係の深い生理学の分野では、セチェノフとパヴロフが、唯物論心理学の科学的基礎として重要な意味をもつ条件反射学説を発表し、観念論心理学と鋭く対立していました。

学生時代からヴィゴツキーが師事したのはブロンスキーで、ブロンスキーもマルクス主義の立場で科学的心理学や教育学の研究に取り組んでおり、ヴィゴツキーにもっとも大きな影響を与えた人物といえるでしょう。

しかし、革命前のロシアにおいて公認の支配的心理学理論は、大部分が完全に観念論的立場に立っていました。そこで革命期の混乱が一段落つくと、ほかの諸科学におけると同様に、心理学においても観念論的立場に対するはげしい批判が繰り広げられるようになりました。

二〇年代初頭、この批判の先頭に立ったのは心理学研究所所長のコルニーロフでしたが、観念論心理学の批判は、主としていわゆる「反射学」や「行動主義心理学」の立場からのものであり、内省的方法による心理学の非科学性に攻撃の中心を置くものでした。

ヴィゴツキーは、早くからこのような意識の存在を無視する反射学説の機械論的粗雑さ、単純性を見てとり、一九二五年にはつぎのように書いています。

心理学は、意識の問題を無視すれば、人間の行動の多少とも複雑な問題に接近する道を自ら閉ざしてしまうことになる。（『心理学の危機』六二頁）

意識を科学的心理学の領域から締め出すことは、まさに以前の主観的心理学の二元論や唯心論をほとんどそのままとどめることになる。（『心理学の危機』六五頁）

ヴィゴツキーは、当時のソビエトで「ずっと故意に避けられてきた」意識の問題が、唯物論心理学の建設に重要な意味をもつことを明確に指摘した最初のソビエト心理学者の一人だったのです。

心理学諸流派の分裂と対立

またヴィゴツキーは、ソビエトのみならず、西欧の心理学の方法論的欠陥にもきびしい批判の目を向けました。「心理学の危機」は、外面的にはたくさんの諸流派に分裂し、対立し抗争していることに表されていました。

二十世紀初頭のこの諸流派への分裂と対立は、事実の解釈においてだけでなく、どのような事実から出発し、どのような事実をそれぞれの心理学体系の中心に置くかということにも表れていました。言いかえれば、新しい流派は、心理学の新しい分野を生み出したというだけではなく、そこから出発して心理学の全体系を自分の観点からつくり直していたのです。

たとえば、フロイトの精神分析学は、ノイローゼの領域での特殊な発見から生まれたものです。しかし、フロイトは、その無意識についての学説を芸術・歴史・宗教などにまで押し広げようとしました。そのため、つぎのような状況が生まれたのです。

精神分析は、心理学の枠を越え、性欲は一連の形而上学的思想における形而上学的原理となった。精神分析は、一つの世界観となり、心理学はメタ心理学へと変貌していった。精神分析には固有の認識論、固有の形而上学、固有の社会学、固有の数学がある。共産主義もトーテムも、教会もドストエフスキーの作品も、オカルト（神霊学）も広告も、神話もレオナルド・ダ・ヴィンチの絵も、これらすべてが、変装した、仮面をかぶった性、リビドー以外の何ものでもなくなった。

（『心理学の危機』一一二頁）

反射学も、ゲシュタルト心理学も、シュテルンの人格主義心理学も、これとまったく同じ歴史をたどっていると、ヴィゴツキーは書いています。

ゲシュタルト心理学は、最初は形態の知覚過程の具体的な心理学的研究から発生した心理学です。しかし、それは精神分析学の場合と驚くほどに似た道を歩むことになりました。

それは、動物心理学を包み込み、猿の思考もゲシュタルト過程だとした。芸術心理学・人種心理学もまたそうで、原始的な世界表象も芸術の創造もゲシュタルトだった。児童心理学・精神病理学もやっぱりこれに抱き込まれ、ゲシュタルトのもとで、子どもの発達も精神病も起こった。そして最後に、一つの世界観に転化したゲシュタルト心理学は、物理学・化学・生物学にもゲシュタルトを発見し、論理学的公式にまで高まったゲシュタルト心理学は、世界の基礎に存在することになった。世界を創りたもうた神のたまわく、ゲシュタルトあれ――こうして、いずこにもゲシュタルトは存在することになったのだ。

（『心理学の危機』一一三頁）

このような事態を、ヴィゴツキーはつぎのようにまとめています。

いずれも、それぞれの場ではきわめて内容豊かで意義のあるものであり、価値高く実り多いものである。けれども、世界法則にまで高められたそれらは互いに値ぶみしあい、まったく何もないゼロのように、絶対的に等しいものとなってしまう。シュテルンの人格は、ベヒテレフによれば反射の複合体であるし、ウェルトハイマーによればゲシュタルトであり、フロイトに従えば性欲なのである。

（『心理学の危機』一一四頁）

新しい心理学の創造

心理学の危機のもうひとつの特質は、これら諸流派のおのおのが折衷主義をとり、しばしば自分とまったく対立する流派の考え方を自分の体系のなかにしのばせていることにあると、ヴィゴツキーはいいます。

たとえば、フロイトの心理学体系は、もともと連合心理学に対する反動として生まれたものであるはずなのに、フロイト心理学ほどに連合心理学の方法をうちにとどめているものはありません。

こうして各流派は、それ自身の構成においても、ほかの諸流派との関係においても、きわめて複雑な様相を呈しています。

フロイト・マルクス主義というものが存在しますが、これは「マルクス主義哲学の立てる問題に、フロイトの形而上心理学がささやく解答で応える」(『心理学の危機』一三七頁)のです。

ヴィゴツキーは、これら多数の心理学諸流派が、実際はつぎの二つに大別されると見ました。因果関係を明らかにすることをめざす「説明的」あるいは生理学的心理学と、「記述的」心理学とにです。

前者は、心理学をほかの自然科学と同じようなタイプの科学にしようと志すのですが、人間に特有な高次の心理機能を分析しえないでいるところに難点があります。後者は、逆に、まさにそのような人間の精神生活の高次の形態を問題にするのですが、観念論的で、科学的説明になっていません。

ヴィゴツキーは、このような説明的、ならびに記述的心理学の危機を、古い心理学の仮定に基づいて克服することは不可能であり、心理学の土台そのものをつくり変えねばならないと考え、弁証法的唯物論の基礎に立ちながら、人間の高次の精神機能を新しい方法原理に従って研究するまったく新しい心理学の創造を主張し、自らもその実現に努力したのです。

2　精神の文化的－歴史的発達理論

歴史的方法を心理学構成の主導的原理に

ヴィゴツキーが、心理学の危機を克服し、新しい心理学を建設するうえで第一に必要と考えたのは、心理研究における歴史的方法でした。

「ヴィゴツキーは、歴史的方法が人間の心理学構成の主導的原理とならねばならないという命題をわが国において最初に（一九二七年）提起した」といわれています（レオンチェフ「人間の心理の研究における歴史的方法について」一九五九年）。

一九二七年ごろといえば、モスクワの心理学研究所所長コルニーロフの「反応論」が、前所長チェルパーノフの観念論心理学やベヒテレフの機械論的反射学に対抗するマルクス主義心理学のもっとも進歩的な代表と見られていた時代です。このことは、一九二七〜二八年度における心理学研究所の中心テーマが、「反応の速さ、強さ、および記憶量の測定の方法によるモスクワ生え抜きのプロレタリヤの特質の研究」であったということからも察せられます。

このマルクス主義心理学は、人間の心理の社会的本性を明らかにするというもっとも重要な問題において決定的弱さを示していました。『心理学の危機』に序文を寄せたレオンチェフは、この当時の状況を、つぎのように描写しています。

「古い」心理学（引用者注・観念論心理学）は、意識の研究をもっとも重要な課題と見なしており、また自分では、実際に意識を研究しているのだと思い込んでいた。他方「新しい」心理学（引用者注・行動主義や機会論的反射学）は、意識の研究の新たな方法を何ら見出せず、この問題を「古い」心理学の専売にまかせていた。「新しい」心理学の立場に立つ人々に可能だったのは意識の問題を非本質的なものと評価し、それを無視する道か、あるいはそれを重要な問題と評価するにしても、その解決にあたっては「古い」心理学と妥協する道＝コルニーロフの立場しかなかった。

（『心理学の危機』一七頁）

ヴィゴツキーの「文化的-歴史的発達理論」は、何よりもこれら当時支配的であった人間の精神発達に関する生物学的-自然主義的見解に対立するものとして打ち出されたものです。それと同時に彼は、言語的理解・人格的理解・事実的理解・歴史的理解という四類型の「理解」を区別したシュプランガーの「了解（理解）心理学」に見られるような偽歴史主義の理論ともはっきり一線を画しました。

たとえ了解心理学が、高次精神機能の発達の問題を重視しているとしても、たとえ心理学のなかで歴史的観点を発展させ、青年心理学を歴史的見地において展開するというようにその観点を研究のなかで実現しているとしても――それはこの科学の歴史のなかでほとんどはじめてのことであるが――それにもかかわらず、了解心理学は、本質的にはなお子どもの精神発達における自然的なものと文化的なものとを区別しない古い立場に完全に立っている。……この理論は、非社会的である。歴史について多くのことを語りはするが、歴史的発達は人間社会の発達であり、人間の純粋精神の歴史ではないということ、また精神は社会の発達とともに発達するというこの簡単な真理を知ろうとしない。……だから、心理学と歴史とを形式的に近づけるだけではたりない。どのような心理学とどのような歴史とを近づけるのかを問わなければならない。

（『文化的-歴史的精神発達の理論』二九〜三一頁）

人間における「心理的道具」=言語の役割

歴史を唯物論的に理解しようとしたヴィゴツキーは、人間の心理発達の基礎には、人間の実際的活動と言語的コミュニケーションとがあると考えました。

ヴィゴツキーが、その際、とくに注目したのは、人間における道具の使用ということでした。道具を使用するようになった瞬間、生物学的適応の発達の分野におけると同様、心理発達の分野にも重要な転換が生じるのです。

人間は、ほかの動物とはちがって、道具を使って自分の行動の半径を広げることができる。人間の諸器官のなかで、その実現のための決定的な意義を担っているのが手と目と耳である。それらの活動の半径は、道具の使用により無限なものとなる。

（『心理学の危機』三八〇頁）

技術的な道具が労働諸操作の形式を規定することによって、自然的適応の過程を変異させるのと同様に、心理的道具もまた、行動の過程に挿入される場合、自らの諸特性によって新しい道具的な作用《アクト》の構造を規定し、心理的諸機能の全経過・全構造を変異させる。

（『心理学の危機』五二頁）

人間は、道具を媒介として自然環境に立ち向かいます。環境に対するこのような間接的関係こそが、人間の実際的活動と同時に、その心理活動をも動物の活動より区別する基本的な点です。

しかし、人間の心理活動と環境とを媒介するものは、労働用具ではありません。労働用具そのものは、心理活動の領域には属さないし、心理過程の構成要素となることはできません。「精神的生産の道具」となるものは言語です。

物質的生産そのものではなく、それを基礎にして発生する人間相互の関係の特殊な形式、すなわち言語と社会の文化こそが、人間の心理活動を媒介するとともに、その心理そのものを形成するとヴィゴツキーは考えたのです。

人間は、周囲の人々との言語的コミュニケーションの過程で社会の文化遺産を習得していきます。その結果、人間の心理過程の自然的メカニズムは根本的に改造され、本質的に社会的な人間の意識が形成されるのです――このように説くヴィゴツキーの「文化的-歴史的発達理論」は、人間の心理活動に関する唯物論的学説の形成に大きな意義をもつものでした。

3　人間の心理の被媒介的性格

言語を媒介にした人間の心理

人間に固有な心理的特質は、人間の活動のなかに中間的媒介物（主として言語）が入ることによって、自然的・直接的な心理過程が間接的な過程に転化することから生ずるというのは、ヴィゴツキーが人間の心理を研究するうえで第一の仮説としたことでした。

人間の頭脳では二つの現実刺激（AとB）との結合が、Xを媒介として行われます。すなわち、A-X、およびX-Bという要素的結合は、心理過程においては統合して、一つの新しい「単位」（たとえば、言語的思考）を形成します（資料3）。

人間の心理の特質は、この単位において現れるものであって、これを要素にまで分解してしまっては、わからなくなってしまいます。それは、水の性質が、酸素と水素にまで分解し

資料3

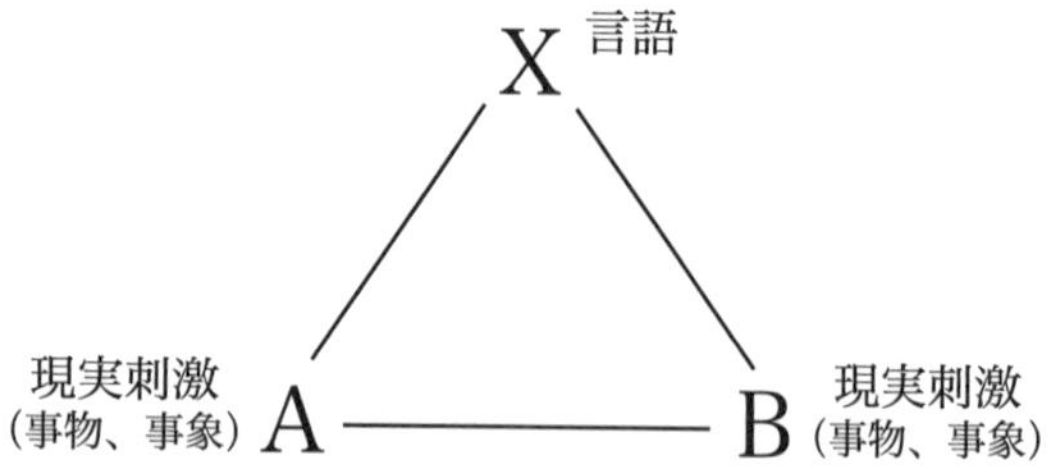

てしまってはわからなくなってしまうのと同じだと、ヴィゴツキーはいうのです。

いわゆる「反射学」の誤りはここにあったのですが、パヴロフは、人間の条件反射の研究を進めていくなかで、動物の条件反射（A－B）と人間のそれとの根本的ちがいが、中間にX（言語）が介入することにあることに気づき、晩年（一九三二年）になって第二信号系の理論を打ち立てました。

人間には別の信号系が加わった。……こうして、神経活動の新しい原理――すなわち、第一信号系の無数の信号を抽象し、一般化し、さらにこれらの一般化された信号を分析し、総合するところの原理が生じた。それは、まわりの世界に対する無限の定位を可能にし、人間の高度の適応、すなわち人類の普遍的な経験的知識としての科学を創造するところの原理なのである。

（『パブロフ選集・下巻』合同出版社、一九六二年、四七七頁）

ヴィゴツキーは、まさにこれと同じ原理を考えていました。そして、動物の条件反射（A－B）と人間のそれとの相違を、前述のように中間にXが介入することのなかに見出し、しかも、その媒介物Xが主として意味づけられた記号＝言語のかたちをとるものであることを明らかにしたのです。

この心理的道具である言語の特質は、それがつねに何かを「意味する」ということにあります。これが、言葉や記号の性質です。

このような心理的道具の実例として、ヴィゴツキーは言語のほかに、「記数法や計算のさまざまな形式、記憶術のための諸工夫、代数記号、芸術作品、文字、図式、図表、地図、設計図、そしてあらゆる種類の記号」をあげています。

これらをもって環境に立ち向かう人間の心理活動は、そのことによって環境に変化を与えるとともに、自分自身の行動や思考を変化させ、それをより合理的なものとします（『心理学の危機』五六頁）。

高次精神機能は協同のなかで発生する

このような心理機能は、人間に生まれつき備わっているものではありません。それは、人々との協同活動のなかで発生するものです。

中間刺激X（言葉）は、はじめは人間にとって外的刺激の一種であり、コミュニケーションの過程で他人から与えられるものです。ところが、やがてそれらは人間の精神のなかに入り込み、人間の内的精神過程の構成要素となるのです。

ヴィゴツキーが打ち立てたこの命題は、人間に固有の高次の心理機能が、人間精神にもともと内在するものであったり、精神内部から発生するものではなく、社会的に形成されるものであるということを明らかにするものです。

その具体例として、有意的、あるいは能動的注意と呼ばれる形式の注意の機能を取り上げてみましょう。

これもはじめは、母親など周囲の人々から発する刺激を媒介としています。子どもの注意は、はじめは大人の指示、ジェスチャーをまじえた対象の指名によって構成されています。しかし、のちにはしだいに子ども自身が、これと類似の手段を使って自分の注意を組織するようになるのです（『文化的‐歴史的精神発達の理論』二七六〜二七八頁）。

このようにして、すべての高次の精神機能が、はじめは精神間的（interpsychical）機能であったものが、精神内的（intrapsychical）機能に転化することによって生まれるのです。知覚の場合も、記憶の場合も、言語活動の場合についてもみな同じことがいえます。

幼児の知覚は、はじめは直接的な性格をおびています。その場合の外界の知覚は、子どもの直接的欲求や情動と密接に結びついています。しかし、やがてそこには過去の経験の記憶のほかに言葉による思考（抽象と一般化）が介在するようになり、それらを媒介とする被媒介的知覚が発達してきます。現実は、それによってより深く、正確に頭のなかに反映されるようになるのです。

言語活動におけるこのような転化、すなわち〈外言〉である話しことばから〈内言〉への移行は、ヴィゴツキーがもっとも力を入れて分析したものでした。

第3章

話しことば・書きことば・内言の発達

1　子どものことばの発達

ことばの発達と心理発達の段階

ここまでも何度か、「言語」「言葉」「ことば」という用語を使ってきましたが、本書では、原則的に、英語でspeechにあたるものを「ことば」、wordにあたるものを「言葉」、langageにあたるものを「言語」と表記していることを、お断わりしておきます。

さて、ヴィゴツキーは、子どものことばの発達を資料4の図式のように考えました。

ことばは、最初は自分の欲求や情動を、子ども一人ひとりが自分特有の表現（ウーア、プーフー、バーバなど）で伝えようとするもので、「自律的ことば」と呼ばれています。

子どもの自律的ことばを記録し、その意義を理解し、評価した最初の人は、進化論学者のチャールズ・ダーウィンでした（一八八一年）。天才的な観察者だったダーウィンは、自分の孫の発達を見守っているうちに、子どもが言語期に移行する前に独自のことばで話すことに気づいたのです。

ヴィゴツキーは、このことばの特質をくわしく研究し、音声構造のうえでも、意味的側面のうえでも、それが私たちのことばとは異なる独特のもので、具体的な場面でのみ周囲の人

資料4

自律的ことば	〈乳児期〉	情動的交わり
↓	↓	↓
話しことば	〈幼児期〉	事物の性質の習得
↓	↓	↓
自己中心的ことば	〈就学前期〉	ごっこ遊び
↓	↓	↓
書きことば	〈学童期〉	知識の習得
↓	↓	↓
外国語の学習	〈思春期〉	自分さがし

に理解できることばであることを明らかにしました（『新児童心理学講義』八二頁）。

たとえば、ダーウィンの孫は、最初、池で泳いでいるカモを見て、その音声をまねたのか「ウーア」と呼んだのですが、その後、テーブルの上にこぼれたミルク、コップのなかのワインなど、あらゆる液体を同じ音で呼ぶようになりました。ところが、あるとき、鳥の絵がついた古いお金で遊んでいて、このお金を「ウーア」と呼びはじめ、ついにはこのお金に似たボタン、メダルなど、すべての小さな丸い光るものが「ウーア」と呼ばれるようになりました。

このような特別の音声体系、意味的側面、コミュニケーション形式をもったことばは、乳児期から幼児期への移行期、普通一歳の終わりから二歳のはじめごろまで続き、どんな子どもの発達にも見られるものです。

乳児期の子どもたちには、このような自作の言葉と並んで、一連の単語についての理解も存在します。すなわち、言葉を話しはじめる前に、「パン」「ミルク」「あつい」「起きなさい」「座りなさい」といった言葉を理解しているのです。

この乳児期は、大人との情動的交わりが子どもの心理発達においてきわめて重要な時期であり、生後三か月ごろにはすでに母親を確実に認知し、親が近寄ると笑みをうかべ、手足をばたつかせて喜びを表します。このような情動的交わりが不足していると、その後の心理発達に悪い影響をもたらすといわれています。「できるだけ赤ちゃんとお話ししなさい。赤ちゃんと遊びなさい」という忠告がなされる所以です。

子ども一人ひとりによって異なる自律的ことばでも、ある程度コミュニケーションの手段としての役割を果たすことができるのですが、真の社会的・言語的コミュニケーションの手段としての「話しことば」が発達するのは、二語文「これ、なーに?」などを使いはじめ、語彙が急速に増えていく二歳ごろからです。

この幼児期には、どちらかというと人間よりも事物の世界への関心が高まり、事物の基本的性質（形、色、長さ、重さ、用途など）を認知していきます。ベッドに横になりながら、長い時間飽きずに自分の指を見つめていたり、いじくってみたり、積み木と積み木をカチャカチャと狂ったように際限なく叩き合せたりするようすがよく見られます。

ついで四歳ごろになると、「ひとり言」（モノローグ）をいうようになります。一人でいるときだけでなく、友達と遊んでいるときにも、隣の子どもに話しかけるのではなく、自分に向かって大きな声でしゃべっています。ことばが、簡単な意思を伝えるコミュニケーションの手段としてだけでなく、より複雑な考えを形成するための手段として発達し、一人で考えるときにも使われるようになってくるのです。これが、ピアジェのいう「自己中心的ことば」です。

この時期の子どもの主要な関心は、ふたたび人間に向かうようになります。なんとかして大人といわば対等になりたいという欲求が芽生え、ごっこ遊びのかたちで大人の役割を演じてみようと試みます。子どもはこのような遊びをとおして、人間どうしの諸関係や諸行為の意味を把握し、想像活動を発達させ、周囲の事物の性質も習得していくのです。

自己中心的ことばから〈内言〉へ

ピアジェは、自己中心的ことばは、子どもの自己中心的心性の現れであって、六〜七歳ごろに「脱中心化」がはじまり、自己中心的ことばは「社会化」されたことばに置き換えられていくと考えましたが、ヴィゴツキーは、この考えに異論を唱えました。そして、子どもの自己中心的ことばは、〈外言〉である話しことばが〈内言〉に移行し、発展していく過渡的段階のことばであることを理論的にも実験的にも明らかにする研究を行いました。この自己中心的ことばをめぐるヴィゴツキーとピアジェとの論争は、後でくわしく紹介します。

いずれにしても、このようにして対人的コミュニケーション行為であったことばが、内言に転化することによって対自的思考行為になるということは、子どもの認識発達のうえでも、教育的にもきわめて重要な意味をもちます。複雑な思考は、基本的には〈内言〉で行われるものだからです。

〈内言〉は、その働き（機能）のうえだけでなく、構造のうえでも話しことばとはちがった特質をもっています。すなわち、構文法の単純性、最小限の構文法的分節化、述語主義、凝縮したかたちでの思想の表現などを特徴としています。構文法上、これと正反対の対極的関係にあるのが、書きことばです。

2　話しことばと書きことばとの関係

作文は「話すように書けばいい」のか

ヴィゴツキーは、ことばの発達について、つぎの二つの法則があると考えました。

①ことばの初歩的・低次の特性の無自覚的習得から、言語の音声的構造や文法形式の自覚的使用へ発達するという法則

②「話しことばと書きことば」「生活的概念と科学的概念」「母語と外国語」とのあいだには、相互関連があり、反対方向へ発達するという法則

ここでは、まず①について詳しく説明していきましょう。

書きことばは、他人に最大限に理解されることをめざしています。その意味で、書きことばは最大限に展開された、形式的には話しことば以上に完全な社会的ことばです。「社会化」されたことばともいわれます。

自己中心的ことばや〈内言〉は対自的ことばであって、他人への働きかけや他人の理解を必要としないことばですが、その〈内言〉と結びついた思考過程をとおして、社会的ことばが真に社会化された書きことばに、つまり〈内言〉とは正反対の性格のことばになるというところに、ことばの発達の弁証法があります。

社会化されたことばというのは、ピアジェのいう自己中心性を脱却したことばであり、論理的に組み立てられ、だれにも理解できるように構成されたことばです。

「話しことば―〈内言〉―書きことば」という、これら三種のことばの発生的・機能的・構造的相違と相互の関連、相互作用の事実を、ヴィゴツキーはくわしく分析しているのですが、そこには教育上の重要な問題も含まれています。

子どもの書きことばの発達水準と話しことばの発達水準とのあいだにかなり大きな隔たりがあることは、経験的によく知られた事実であり、それはなぜなのかとよく問題にもされます。

作文指導では、よく「話すように書けばいい」ということがいわれますが、書きことばは、話しことばをそのまま文字記号に移せばいいのだと単純に考えることはできません。書きことばは、話しことばの文字記号へのたんなる「引き写し」ではないからです。もしそうならば、文字の書き方をおぼえさえすれば、小学生の文章はただちに話しことばと同じ水準の豊かさをもち得るはずなのですが、実際にはそうはいきません。高学年になっても、就学前の子どもの話し方に似た文しか書けない子どもがいます。

書きことばの習得には、話しことばの習得とは別の心理機能が働かねばならないからです。

書きことばの意識性と随意性

話しことばにおいては、どんな言葉（単語）もほとんど無意識的に発音されています。文法についても同じで、動詞の形態変化（現在形、過去形、未来形など）や日本語の格助詞（が、は、を、へ、に）の使い方などをいちいち意識して使うことはありません。子どもは、学校へ入るまでに、これらの音節構造や文法上の規則を生活のなかで自然に習得し、話しことばのなかでは無意識的に正しく使うことができるようになっています。

ところが、書きことばにおいては、子どもはすべて意識的に行動しなければなりません。

単語の音節構造を意識し、単語をいくつかの音節に分解し、それらを一つひとつ文字記号に当てはめていかねばなりません。たとえば、校長先生（コーチョーセンセー）という単語を、ひらがなで正しく「こうちょうせんせい」と表記するのは、低学年の子どもにとっては、たいへん難しい作業です。かな遣いの複雑な規則をおぼえ、当てはめていかねばならないからです。

さらに、文を作るときの単語の選択や構文法もまったく同様です。

このように、意識的・随意的に行動しなくてはならないという書きことばの意識性・随意性は、「書きことば全体を下から上まで貫いている赤い糸」になっています（『思考と言語』二八五〜二九三頁）。

書きことばにこのような意識性と随意性が求められるのは、書きことばが、話しことばとはちがって高度の抽象性を特質としていることからきています。

第一に、書きことばは、ことばの本来的な特質である音声を欠いた、頭のなか、表象のなかのことばです。書きことばの習得は、ことばの音声的側面を捨象した抽象的な言葉、すなわち言葉の表象を操作する言語活動への移行を意味するのです。

第二に、書きことばは、話し相手のいないモノローグであり、白い紙との、あるいはたんに表象されるだけの想像上の対話者との会話です。

ことばは、もともとすべての単語が現実からの刺激を抽象し、一般化した抽象的・一般的性格のものですが、書きことばには、そのうえさらにこのような二重の意味の抽象性が要求されるのです。

子どもが書きことばを習得する際の基本的困難は、まさにこの点にあります。言葉は実在の記号であり、象徴ですが、書きことばはさらにその音の象徴化であり、ことばの音声的側面と対話者との二重の抽象を必要とするのです。

書きことばの習得に対する動機

このことに関係して、子どもには書きことば習得に対する欲求、あるいは動機というものが、話しことばの場合と比べるとまったく乏しいということに注目しなければなりません。

人類史のうえでも、書きことばの発生、そしてそれが一般民衆にも必要とされるようになったのは、比較的最近のことです。

言語的コミュニケーションの欲求は、幼年時代を通じてつねに発達し、それが話しことばの発達の重要な要因となっています。話しことばは、生活の具体的状況と不可分に結びついており、状況から自然に流れ出る活動といえるでしょう。

ところが、書きことばの場合は、そのような状況を自分でつくり出し、頭のなかに描き出さねばなりません。その必然性、つまり動機が子どもにはほとんどないのです。

子どもの話しことばと書きことばとのあいだにある年齢的ギャップは、以上の説明のなかにその基本的根拠があると、ヴィゴツキーはいいます。

書きことばは、高度の抽象性と随意性・自覚性を特徴とする心理活動です。そして、書きことば、文字の読み書きを学びはじめの子どもたちには、書きことばの基礎となるこれらの基本的な精神機能が未発達であり、発達がはじまったばかりなのです。

子どもは、学校で書きことばを学習するなかで、自分の話していることを意識すること、すなわち自分の言語能力を随意的に操作することを学びます。子どもの言語活動は、こうして無意識的・自動的局面から意識的・随意的・意図的な局面へと移行していくのです。

3　ピアジェとの論争

ヴィゴツキーの批判に対するピアジェの「論評」

ヴィゴツキーの思考とことばの研究は、ピアジェの子どものことばと思考に関する研究を重要な足がかりとしています。このことは、ヴィゴツキーがその研究のなかでピアジェの理論やピアジェの見出した子どもの事実を頻繁に取り上げ、綿密な検討と批判の対象としていることから自ずと知れることといえるでしょう。

ヴィゴツキーのピアジェ批判は、彼の主著『思考と言語』（一九三四年）の第二章「ピアジェの心理学説における子どものことばと思考の問題」において、ピアジェの子どもの研究に関する最初の二著作、『子どもの言語と思考』（一九二三年）と『子どもの判断と推理』（一九二四年）を中心に行われていますが、ピアジェ理論の核心に迫るきわめて詳細な、本格的な批判です。

他方、この『思考と言語』がアメリカで翻訳出版されたとき（一九六二年）、異例なことにそれの付録として出されたピアジェ自身のヴィゴツキーの批判に対する「論評（Comment）」もまた、十四ページに及ぶ長文の本格的なもので、ピアジェが自分への批判に対してこれだけのくわしい回答を寄せたことはほかにないといわれています。

ピアジェは、この「コメント」で、ヴィゴツキーの研究に大きな敬意を表しつつ、かなり公平にヴィゴツキーの批判を評価し、ピアジェから見てその批判の正しかった点とまちがっている点、ピアジェの見解とヴィゴツキーの見解とが一致する点と相違する点を明らかにしています。

そこで、以下、主としてこの「コメント」によりながら、ピアジェの心理学が実際にどのようなものであり、ヴィゴツキーはそれをどのように批判したのかを簡単に紹介することにしましょう。そのことは、自ずとヴィゴツキー心理学の特質を側面から明らかにすることにもなると思うからです。

自己中心性の解釈をめぐって

ピアジェのこの「コメント」は、必ずしもヴィゴツキーが批判の対象としていたころのピアジェの考えに一致するものではありません。ピアジェも、ヴィゴツキーの批判のある部分については、『思考と言語』が出版された一九三四年当時より、その後の自分のほうがより多く同意することができるといっています。

論争は、主として子どもの「自己中心性」(egocentrism)と「自己中心的ことば」をどのように理解するかということをめぐって展開されています。

ヴィゴツキーは、ピアジェがこの概念をフロイトの精神分析の理論やブロイラーの「自閉性」の概念と関係づけながら、子どもの自己中心的思考は、現実への適応の機能を果たすものというよりは、夢や白昼夢に近いものと考えていることを批判します(『思考と言語』三四〜五〇頁)。

子どもの知的活動は、最初から現実に対する適応の機能をおびているというヴィゴツキーの考えに、ピアジェも同意します。実際に、ピアジェがその後に出した知能の起源に関するいくつかの著作は、子どもの思考をそのようなものとして論述しています。ピアジェは、子どもの自己中心性と「自閉性」との類似を彼が強調しすぎていたということについてのヴィゴツキーの批判を正しいと認めています。ピアジェは、子どもにおける象徴的遊びを説明するために、必要以上に自閉的思考と自己中心的思考との類似を強調していたきらいがあったのです。

また、フロイトの「快楽原理」が「現実性の原理」に先行するという思想を、ピアジェが無批判に取り入れていることについてのヴィゴツキーの批判も、やはり正しいとピアジェは認めています。欲求の充足と適応の機能とは統一的に把握されなければならないというヴィゴツキーの見解に、ピアジェは同意しています。

しかし、ヴィゴツキーは、この子どもの適応に関してあまりにも楽観的な見方をしているのではないかと、ピアジェは批判します。子どもの適応への努力はつねに成功するとはかぎりません。ピアジェの「自己中心性」の概念は、じつはこのことに関係するものでした。

ピアジェによれば、適応というのは、環境の事物を自分の既有の「シェマ」（心的構造）でとらえる「同化」と、このシェマを環境のほうに合わせて修正する「調節」とが均衡状態に達することです。この均衡が取れていないときには、適応の努力は組織的な失敗を繰り返すことになります。このような失敗は、知覚・情動・思考など行動のあらゆるレベルにおいて見出されます。子どもの適応活動では、「同化」が支配的で、「調節」がそれにともなわないことが多いのです。科学の歴史を見ても、地球中心の見方からコペルニクスの革命へ、アリストテレスの自然学の絶対者からガリレオの慣性の原理、アインシュタインの相対性理論へという人間の思考の発達過程は、このような組織的失敗から人間が解放されるのにどれほどの年月が必要であったかを示しています。

ピアジェは、この解放の過程を「脱中心化」（decentering）の過程として描いています。ピアジェのある研究は、子どもが同じ地点に至る二つの道の一方が他方よりも長い道であるということを理解するには、そして「長い」と「遠い」の二つの概念を区別するためには、終点のみに集中している子どもの思考が脱中心化され、出発点と終点との間の客観的関係が考えられるようになることが必要であるということを示しています。

ピアジェの「自己中心性」という用語は、じつはこのように子どもにおける脱中心化のできない状態をさすものでした。しかし、この命名は、明らかによくなかったとピアジェは述懐しています。「自己中心性」は、右のように解釈されることは少なくて、むしろ多くの誤解を生んだからです。たんに「中心性」といっておいたほうがよかったかもしれないと、ピアジェは述べています。

しかし、子どもが最初に「中心化」するのは、たいていが子ども自身の位置や活動に関係したものです。そこで、ピアジェは「自己中心性」という言葉を使ったのですが、それは自意識の過剰であるとか、個人主義ということとはまったく無縁のことを意味するものでした。

ヴィゴツキーは、ピアジェも認めているように、このような通俗的誤解には陥っていませんが、ピアジェがいうように「認識上の自己中心性」を必ずしも十分に理解し、評価していたとはいえないように思われます。

認識上の自己中心性を、あるものへの無意識的な観点の集中とか、あるいは観点の分化の欠如としてとらえるならば、これが私たちの対人関係や言語活動などのなかにしばしば現れるものであることは明らかです。たとえば、はじめて教壇に上がったような教師は、自分が教室の生徒にではなくて、自分自身に向かって話しており、もっぱら自分自身の観点に立って話していることに気づくことがあるでしょう。生徒の立場にも立って授業を進めること、あるいはだれかとの討論において相手の観点に自分自身を置いてみるということは、そんなに容易なことではありません。

ピアジェは、このような認識上の中心化、あるいは脱中心化という観点から、子どもにおけることばと思考とのあいだの相互関係を研究しようとしたのです。

ところが、最初に出版されたピアジェの著作『子どもの言語と思考』は、自己中心的ことばについての多くの誤解を呼び起こしてしまいました。極端な場合は、子どもが自分自身について語ることさえ自己中心的ことばだとされてしまいました。こうしたピアジェの真意を理解しない批判や攻撃に、ピアジェは相当悩まされたようです。

自己中心的ことばと〈内言〉

しかし、ヴィゴツキーの自己中心的ことばに関する見方は、これらとはまったく異なるものとして、ピアジェは高く評価しています。

それは、第一に、ヴィゴツキーが、問題は自己中心的言語係数（すなわち、子どもの話しことば全体のなかに占める自己中心的ことばの割合）などの統計的数字にあるのではなく、自己中心的ことばという現象そのものに大きな心理学的問題が潜んでいることを認識していたことです。

第二に、ヴィゴツキーは、この事実を自分でも実験で確かめているとともに、その実験中に、子どもの活動のなかに障害を持ち込んで自己中心的言語係数が上昇する事実や、自己中心的ことばが〈内言〉に転化することによって減少する事実などの興味ある観察を行っていることです。

第三に、自己中心的ことばは〈内言〉に発達する前段階に現れるものであるという新しい仮説をヴィゴツキーが提出しているということです。そして、ピアジェは、ヴィゴツキーの出しているこの仮説に完全に同意しています。

また、ピアジェは、ことばの最初の機能は大まかなコミュニケーションの機能であり、それが分化して自己中心的ことばとコミュニケーションのことばに分けられるというヴィゴツキーの考えにも同意を示しています。

しかし、ピアジェは、こうした子どもの初期の言語活動において、認識上の自己中心性が、お互いの観点の協調の妨げになり、コミュニケーションや協同がそのためにうまくいかないということを、ヴィゴツキーが十分に評価していないことを指摘しています。ピアジェが、ことばの「社会化」というときには、このような協調が可能となり、脱中心化が可能となった状態を考えているのです。

自然発生的概念と科学的概念

この自己中心性に関する問題以外では、ピアジェはヴィゴツキーの意見に同意することはいっそう多くなるといいます。ヴィゴツキーは、自然発生的概念と非自然発生的概念とを区別するピアジェの考えを取り入れているし、科学的概念の形成過程を明らかにすることこそが、児童心理学の基本的課題とならねばならないというヴィゴツキーの主張は、ピアジェ自身のその後の研究計画のなかで生かされているからです。実際、ヴィゴツキーの没後にピアジェが発表した多数の研究——子どもにおける数・量・運動・時間・空間・偶然などの概念の発達、物理法則の帰納や論理構造の発達に関する研究——のほとんどは、まさに科学の基本的概念の発達に関する研究だったのです。

しかし、こうした研究に基づいてピアジェがとっている科学的概念の発達に関する理論や、教授-学習と発達との関係についての思想は、ヴィゴツキーのそれとかなり相違しているところがあります。

ピアジェの研究の特徴は、「科学的概念の自然発生的発達」を研究しているところにあります。これに対し、ヴィゴツキーは、科学的概念を非自然発生的概念の典型としてとらえ、自然発生的にではなく、まさに学校教育の過程で組織的に形成されていくものとして扱っています。

この点は基本的な相違であり、そこからヴィゴツキーは、教授-学習の役割を重視する発達論を展開するのに対して、ピアジェは発達に重きを置き、科学的概念を「自然発生的」に形成し得るような教育を勧めています。

子どもの学習における不適応について、ピアジェは、子どもが責められるべきではなくて、子どもの認識発達の法則を利用しようとしない学校の責任なのだというのですが、ピアジェのこのような主張にはたしかに一定の根拠があるといえるでしょう。

基本的な科学的概念の自然発生的形成に関するピアジェの研究は、きわめて独創的なものです。ヴィゴツキーも、科学的概念を算数・自然科学・社会科学の概念に類別し、それらの発達の差異を研究することが必要であると考えていましたが、それを果たすことはできませんでした。この点の欠陥は、ヴィゴツキー自身も自覚しており、将来においては、自然発生的概念と科学的概念との統一的発達、そして両者の統一的研究の道が開けるだろうと予言していました。

ピアジェは、そのような研究の一つの道を切り拓いたのです。たとえば、ピアジェは、「子どもの空間表象」の研究により、幼児の空間表象の特徴は「ユークリッド的」ではなく、「トポロジー（位相幾何学）的」であることを見出しました。「ユークリッド幾何学的空間」というのは、計量の概念が含まれており、場所に変化が起こっても「大きさ」「距離」「座標」などは変わらないという「保存条件」が理解されているとき、つまり論理的・操作的思考が子どもにできるようになったとき、はじめて理解されるようになるものです。

しかし、子どもはこのような操作はできなくても、図形が「閉じている」か「開いている」

か、境界線の「外側にある」か「内側にある」か、「離れた位置にある」か、「隣接した位置にある」か、ということは、はっきりと視覚的につかんでいます。この意味で、幼い子どもの空間は「位相幾何学的空間」です。

ところが、これまでの幾何教育は、数学の歴史にしたがって、ユークリッド幾何学↓射影幾何学↓位相幾何学の順に教えています。子どもの空間概念は、ピアジェの研究によれば、ちょうどこれとは正反対の方向に発達します。こうした問題を十分に考慮した教育の体系を構成するという仕事はまだはじまったばかりであり、これからの課題といってもよいでしょう。

知的操作体系の形成

子どもの知的発達の基本的要因に関しても、ピアジェは独特の理論を提出しています。ピアジェは、この要因を論理的操作の構成そのもののなかに見ています。この操作の構成というのは、「合成性、可逆性、結合性、一般的同一操作性、特殊的同一操作性」が子どもに把握されることを意味します（ピアジェ『知能の心理学』波多野完治ほか訳、みすず書房、九〇〜九三頁）。

ヴィゴツキーは、このようなものとしては一般化の構造や一般性の体系の発達ということを考えていました。ピアジェは、このような体系の構成を重視するヴィゴツキーの理論は、自分の考え方に近いものだが、その体系をたんに一般化の結果として考えるのでは十分でなく、一定の操作構造の形成の結果として見なければならないと述べています。

たとえば、「バラ」と「花」という言葉を知った子どもは、はじめは両者の真の相互関係を知らないままに両者を並置していますが、「花」という概念の一般化が発生し、「すべてのバラは花である」が、その逆は真でないということを知るやいなや、「バラ」と「花」の概念のあいだの従属関係が把握され、体系が形成されるかのようにヴィゴツキーは書いています。

しかし、ピアジェが調べたところによると、子どもは、すべてのバラが花であり、すべての花がバラではないということを言いながら、はじめはバラ以外に花があるということをここから結論することができないでいるのです。これができるためには、A（バラ）＋A′（バラ以外の花）＝B（花）、A＝B－A′が、したがって、A＜B という操作体系、およびその可逆性が、子どもの身についたものになっていなければならないのです。

ヴィゴツキーがとくに重視していた「概念体系」の形成の前提条件として、このような操作の体系を明らかにしたことは、ピアジェの大きな功績といえるでしょう。この操作体系の解明は、ピアジェが前に「脱中心化」と呼んでいた過程をより明確にするものであり、彼自身の理論の大きな発展を示すものといえます。

認識の発達と教授‐学習との関連

ピアジェは、もともと生物学者として出発し、人間の心理の研究に取り組むようになってからも、生物学的観点から人間の心理構造がどれほど明らかにされ得るかということに主要な関心を向けてきました。生物が育つしくみを解明するように、人間の心理構造を明らかにしたいという意識があるのです。概念の「自然発生的」発達が彼の研究の主要なテーマになっていることも、このことを証明しています。

ヴィゴツキーは、このような立場にも深い理解を示していたという点で、ソビエトの心理学界では特殊な地位を占めていました。ヴィゴツキーは、しばしば周囲からの反対を受けながらも、「概念発達の自己運動」（概念発達の個々の段階の移行は、以前の一般化の構造が改造されることで準備される）という考えを主張していました（『思考と言語』三三四、三三六頁）。

しかし、ピアジェの「自然発生的概念」という考えを一応認めながらも、ヴィゴツキーが「生活的概念」という用語を使うことのほうを好み、さらにその生活を組織することの可能性の見通しから、「将来の研究は、科学的概念が学校教育の産物であるのと同じように、自然発生的概念も就学前教育の産物であるということを示すことになろう」と述べているところにも見られるように、ヴィゴツキーには、子どもの認識の発達をつねに教授－学習との関連においてとらえようとする考えが強いのです。

ヴィゴツキーは、たんに発達における教授の主導的役割を指摘しただけでなく、子どもの発達にともなって教授の形態も変わること、このように各年齢段階によって異なる教授と発達との相互関係の特質を明らかにすることこそが必要であることも主張しています。

そして彼は、就学前教育や学校教育の具体的特質を解明し、とくに学校教育では、科学的概念の体系を子どもに習得させることが子どもの発達にどのように大きな影響をおよぼすかを明らかにしているのです。

このような研究に基づいて彼が提出したのが七二ページの②の法則です。

「話しことばと書きことば」「生活的概念と科学的概念」「母語と外国語」とのあいだには、相互関連があり、反対方向へ発達するという法則ヴィゴツキーはこれを、生活的概念と科学的概念の発達、母語と外国語の発達、話しことばと書きことばの発達の事実によって確認しました（『思考と言語』三二二頁）。これなどは、ヴィゴツキーのすぐれた独創的な見解であり、教授の理論や実践に深い示唆を与えるものといえるでしょう。この法則を、つぎの章で詳しく説明することにします。

第4章

生活的概念と科学的概念の発達

1　生活的概念の非体系性

生活のなかで自然と身につけていくもの

　アルキメデスの法則を説明できる子どもに、「兄弟とは何か？」と尋ねるとよく説明できないことがあると、ヴィゴツキーは書いています。子どもは、兄弟とは何かよりも、アルキメデスの法則とは何かのほうをよりよく定義するのです。子どもは、兄弟が何かはよく知っているはずです。少なくとも、私たちにはそのように見えます。「兄弟」という言葉は大人がよく使う言葉ですし、子ども自身もたいていまちがいなく使っているからです。

　ところが、十歳を過ぎた子どもでも、ピアジェがやったように、兄弟の兄弟というような関係を問うような問題、たとえば、「英男には、守、俊也、正利という三人の兄弟がいます。守には何人の兄弟がありますか？」を出すと、まごついてしまうのです。

子どもが日常使っている言葉には、じつはこのような状態にあるものが多いのです。子どもは、その言葉で表されるものが何かはよく知っています。子どもは、その対象についての概念をもっています。ところが、その概念そのものがどんなものかは、子どもにはわかっていないのです。

言いかえれば、子どもは対象についての概念をもってはいても、その概念そのものを、あるいはその対象を思い浮かべるときの自分の思考活動を自覚していないのです。このような概念をヴィゴツキーは、「生活的概念」と名づけました。「自然発生的概念」と呼ぶこともあります。つまり、これらは子どもが生活のなかで自然と身につけていく概念を意味します。

ピアジェも、子どもの概念や思考のもっとも大きな特徴の一つが、このように自分が自然には正しく利用できる概念を自覚できない点にあるとしています。

ピアジェは、たとえば、七〜八歳ごろの子どもに、「私は病気なので、明日は学校へ行きません」という文のなかの「ので」という言葉が何を意味するのかを尋ねてみました。大部分の子どもは、「それは、彼が病気だということです」と答えました。ほかの子どもは、「それは彼が学校へ行かないということです」と主張しました。要するに、これらの子どもは、「ので」という言葉を自然発生的には操作できても、その言葉の意味はまったく自覚していないのです。

したがって、この子どもは、この言葉を意図的に、随意的に使うことはできません。「ので」を使って短い文を書かせてみれば、そのことはすぐにわかります。このことは、子どもは簡単な原因や関係を理解することはできても、自分の理解していることを自覚していないことを意味します。

自覚性と随意性の発達

このように自分自身の考えを自覚できないこと、またそのため論理的関係を意識的に定立できないことは、ピアジェによれば十一〜十二歳ごろまで続きます。ピアジェは、その原因を子どもの自己中心性にあると見ました。そして、子どもが自己中心性から脱却し、自分自身の考えや概念の自覚に至る道の説明として二つの法則をもち出しました。

第一の法則は、ピアジェの師であるクラパレードによって定式化された「自覚の法則」で、それによれば、概念は自然発生的な利用が可能であればあるほど、自覚されることは少なく、行為が行きづまったとき、はじめて自覚されるというのです。類似点の自覚は、相違点の自覚よりもあとに現れるということから、クラパレードはこの法則を導き出したといわれます。

子どもには、類似点を自覚することのほうが難しいのです。

第二の法則は、「転移の法則」、または「引き写しの法則」といわれるもので、何かの操作を自覚するということは、それを行動の局面から言語の局面へ移行させること、すなわち、それを言葉で表現できるように想像のなかで再現することを意味します。行動の面においては、七歳くらいまでのあいだに、子どもは外界への順応をおおよそ完成します。それの言語面への引き写しは、七〜八歳からはじまり、十一〜十二歳で完成するというのです（波多野完治『ピアジェの児童心理学』国土社、六九〜七三頁）。

しかし、ヴィゴツキーは、これら二つの法則は、学童期のあいだに非自覚的概念から自覚的概念への移行がどのようにして行われるのかを、なんら説明するものにはなっていないと批判します。

第一の「自覚の法則」は、人が自覚をいつ必要とするか、あるいは必要としないかを指示するだけで、自覚の機能は説明しても、構造の問題、すなわち、この自覚の手段やそれを妨げるものについては説明しないというのです。また、第二の「転移の法則」は、行動の局面と言語の局面との本質的相違を見落として、単純に二つの局面の繰り返しを説くだけであり、自覚がどのようにして行われるかの説明にはやはりなっていないというのです。

それでは、ヴィゴツキーは、自覚の過程の心理学的本性をどのようなものと考えたのでしょう。ヴィゴツキーによれば、自覚するということは、「兄弟」なり「ので」という言葉を別の言葉できちんと説明できること、つまり定義できることを意味します。ということは、それらの言葉、あるいは言葉で表される概念のあいだに一定の体系ができているということです。もし、それらの概念がバラバラでしか子どもの頭に入っていなければ、それらをつなぎ合わせることはできません。ということは、それらを随意に、自覚的に使うこともできないのです。

ヴィゴツキーは、そこでこう述べています。

> 概念は体系のなかでのみ自覚性と随意性を獲得することができる。自覚性と体系性は、概念に関するかぎり、まったくの同義語である。それは、ちょうど自然発生性・非自覚性・非体系性が、子どもの概念の本性のなかの同一のものを呼ぶ三つの異なる言葉であるのとまったく同じである。
>
> (『思考と言語』二六七～二六八頁)

体系性の外にある概念と体系化された概念

ヴィゴツキーは、このようにして、あれこれの概念の心理学的特質を規定するうえで基本となるものは、「体系性」であると主張しました。体系の外にある概念は、一定の体系の内にあるときとはまったくちがったしかたで対象と関係することになります。たとえば、「花」という概念の対象に対する関係は、サクラ、バラ、チューリップなどの言葉をまだ知らない子どもの場合と、これらの言葉を知っている子どもの場合とでは、まったく異なります。

体系の外では、対象のあいだに経験的に設定される結合のみが、概念のなかに存在し得るにすぎません。ここから子どもに特有な行動や混同心性（関連のない事物を未整理のまま結びつける傾向）、あるいはピアジェのいう自己中心的思考が生まれるのです。体系化が進むとともに、ほかの諸概念との関係をとおした、ある概念の対象に対する間接的関係が発生します。こうして、諸概念のあいだに超経験的な結合も可能となると、ヴィゴツキーはいうのです。

概念は、感性的・直接的知覚よりも現実をより豊かに反映するものですが、そのことは対象のあいだに複雑な結合や関係を打ち立てるという道による以外にはありえません。「花」の概念は、さまざまな形、大きさ、色をもった花、茎や葉、根、実や種などとのあいだに関係をつけるとき、はじめて形成されます。

この場合、「花」の生活的概念は、対象をその外的性質や現象において反映するだけのものです。「もし物の現象形態と本質とが直接的に一致していたら、あらゆる科学が余分なものとなるだろう」とマルクスはいっています（『資本論』第三部、青木文庫版第六分冊、一五二頁）。科学的概念は、ヴィゴツキーによれば、対象に対するつぎのような独自な関係を前提とするものです。

この関係は、それがほかの概念によって媒介されたものであること、したがって、それ自身のなかに対象に対する関係と同時にほかの概念に対する関係、すなわち概念体系の基本的要素を含んでいるということによって特徴づけられる。（『思考と言語』二六九頁）

この場合の概念相互の関係は、現実の直接的知覚から得られるような関係ではありません。その関係をつかむためには、概念の一定の体系として存在する科学としての植物学なり生物学を学ぶことが必要となるのです。

2　科学的概念の形成

科学的概念の発生は生活的概念の逆をたどる

それでは、科学的概念は子どもにどのようにして形成されるのでしょう。子どもにおける科学的概念の発生は、生活的概念の発生とちょうど逆の道をたどると、ヴィゴツキーはいいます。

自然発生的・生活的概念の発生は、普通あれこれの事物に子どもが直接に触れることと結びついています。ときには大人の側からの説明をともなうこともあるでしょうが、それはとにかく生きた現実の事物です。

子どもは、このような自己の経験を積み重ねる長い発達の過程でのみ、対象を正確に意識し、概念そのものを自覚し、その概念を操作する抽象的思考に到達するのです。

科学的概念の習得は、これに反して、事物との直接的な出会いよりも、対象に対する間接的な関係からはじまります。子どもは、最初の授業から概念間の論理的な関係を打ち立てることを学びます。そして、その概念の発達は、内部への成長、対象への接近、子どもがそれについてもっている経験との結合といった道を進みます。

生活的概念においては、物から概念へという道を進んだとすれば、科学的概念においては、子どもはしばしば逆の道、概念から物への道を歩むことになるのです。

このようにして科学的概念と生活的概念の発達が、反対の道をとおって進むからこそ、この両者のあいだに密接な相互関係が生まれることになります。

子どもが科学的概念を習得し、それを自覚し得るためには、生活的概念の発達が一定の水準にまで達していることが必要です。いわば下から上への長い歴史を歩んだ生活的概念は、科学的概念の下への成長の道をあらかじめ踏み均すのです。

同じようにして、上から下への道をある程度歩んだ科学的概念は、そのことによって生活的概念の下から上への発達の道を踏み均し、概念の高次な特性に必要な一連の構造を用意します（資料5）。

科学的概念は、生活的概念を通じて下へと成長し、生活的概念は、科学的概念を通じて上

資料5

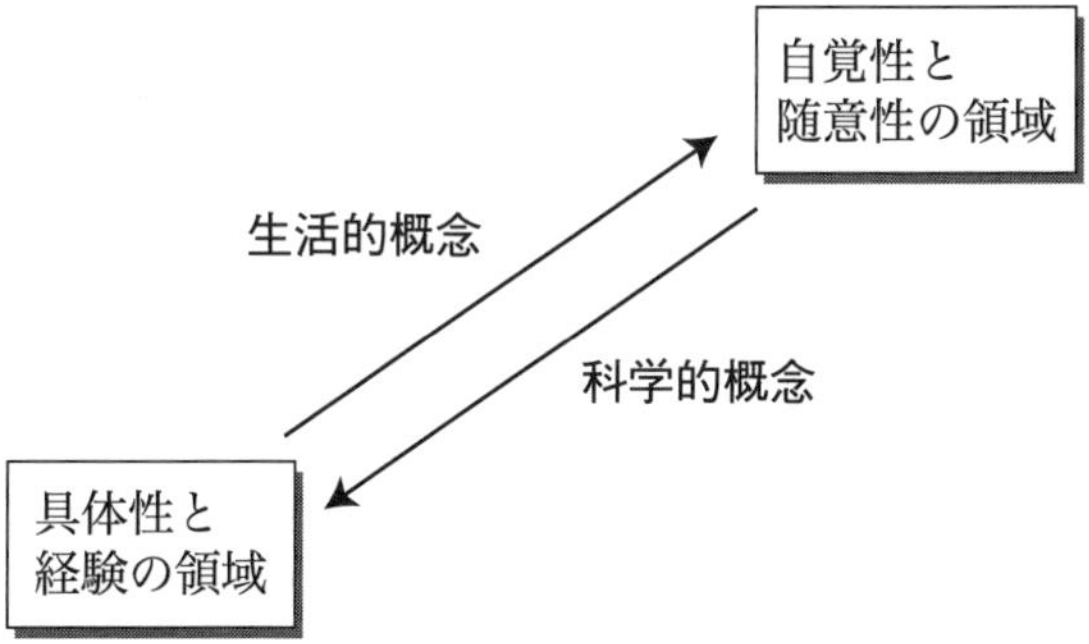

へと成長するのです。

母語の発達と外国語の習得

これと同じような関係が、外国語の習得と母語の発達とのあいだにも見られます。母語の発達が言葉の自然発生的な利用からはじまり、言語形式の自覚とマスターで終わるとすれば、外国語の発達は、言語の自覚とその随意的な使用からはじまり、自由な自然発生的な会話に最後に到達します。

この法則に照らして考えると、最近、わが国ではじめられるようになった小学校の英語教育については、疑問が生じてきます。なぜなら、外国語としての学習というよりも、第二の母語を子どもに獲得させようとするような学び方をさせているからです。

日本の社会的・教育的環境で、しかもわずか週一、二時間、母語の無自覚的習得のような形式の学習で、子どもが期待されているような会話能力をはたして獲得することができるのだろうかと疑問視する声が専門家のあいだからも少なからず上がっているのは、当然のことと思われます。

これら反対方向を向いた発達路線のあいだには、科学的概念と生活的概念の発達の場合と同じような相互的依存関係が存在します。母語を基礎にした外国語の習得は、言語現象の一般化、ならびに言語操作の自覚を、すなわち母語を自覚的・随意的言語活動の次元に移行させることを意味します。外国語の習得は、母語の高次の形式のマスターのための道を踏み均すのです。それは、母語を世界にたくさんある言語体系の一特殊例として子どもが理解することを可能にします。ゲーテがいったように、「外国語を一つも知らない人は、自国語も本当には知らない」のです。

低次の体系と高次の体系との相互作用

これらの事実に基づいて、ヴィゴツキーは、心理発達における低次の体系と高次の体系との相互関連の法則、つまり心理発達はつねに低次の初歩的心理形式と高次の心理形式との（言語を媒介とした）相互作用として生じるという法則を打ち立てました。これが、七二ページで紹介した②の法則の意味です。ここで、まとめておきましょう。

「話しことばと書きことば」「生活的概念と科学的概念」「母語と外国語」とのあいだには、相互関連があり、反対方向へ発達するという法則

A　類似の体系が高次および低次の領域において反対方向に発達するという法則

B　発達における低次の体系と高次の体系との相互関連の法則

ヴィゴツキーは、これらの法則に基づいて、教授は子どもにおいてすでに成熟した機能に基づいて行われるのではなく、まさに成熟せんとしつつある機能、つまり〈発達の最近接領域〉にある機能を呼び起こし、発達させるものでなければならないという考えを提起したのです。

科学的概念の長所は、概念の高次の特性——自覚性と随意性——によって完全に決定される領域に現れるということができよう。だが、まさにこの領域において、子どもの生活的概念の短所が現れる。子どもの生活的概念の長所は、自然発生的な、状況を理解

した具体的適用の領域、経験の領域に現れる。科学的概念の発達は、自覚性と随意性の領域においてはじまり、その後、個人的経験や具体性の領域へ、下へ向かって成長する。自然発生的概念の発達は、具体性と経験の領域においてはじまり、概念の高次の特性——自覚性と随意性——へ向かって運動する。これら二つの対立的路線の発達のあいだの関連こそ、疑いもなく、これらの発達の真の本性を現す。この関連は〈発達の最近接領域〉と発達の「現下の水準」との関連でもある。

まったく疑いのない、論争・反駁の余地のない事実は、概念の自覚性と随意性という、生徒の自然発生的概念にはまだ未発達な特性は、完全に彼らの〈発達の最近接領域〉にあるということ、つまり、大人の思想との協同のなかで顕現し、活動をはじめるということである。このことは、われわれに科学的概念の発達は自然発生的概念の一定の高さの水準——そこでは〈発達の最近接領域〉に自覚性と随意性が現れる——を前提とするということ、科学的概念は自然発生的概念を改造し、高い水準に引き上げ、それらの〈発達の最近接領域〉を実現させること、つまり子どもがきょう、協同のなかでなし得ることは、明日には自分一人でなし得るようになるということを説明する。

(『思考と言語』三一七〜三一八頁)

3　ことばの自覚性と随意性の発達

自然発生的使用から自覚的使用へ

子どもは、就学前からすでに母語の実践的文法を習得していますが、それを自覚していません。たとえば、「絵をかく」「絵をかこう」「絵をかいた」「絵をかいたら」「絵をかけば」のような語形変化を日常会話のなかでは正しく使い分けることができます。

しかし、その言語操作は非自覚的なものであり、生活の具体的状況のなかでいわば自動的に使い分けているのです。そのような状況を離れて、たとえば「かく」という動詞を特別に取り出して、語形変化をさせようとすると、子どもは困ってしまいます。

子どもは、学校で読み書き、文法を学習するなかで、はじめて自分自身のこのような言語能力を自覚し、それをしだいに随意に操作できるようになるのです。

それでは、ことばの自然発生的・無自覚的使用から、自覚的・随意的使用への移行を可能にするものは何なのでしょう。

自分の話すことばの形式や内容を自覚するということが、精神活動の発達のうえできわめて重要な意義をもつことは、だれにもある程度は想像することができるでしょう。それは、言語活動だけでなく、それをとおして自分の思考や認識活動をも自覚し、制御することを意味します。

人間の高次の精神活動、すなわち論理的記憶、随意的注意、反省的思考、科学的概念の習得などの活動は、すべてことばの自覚性の発達と結びついています。このような高次の精神活動の発達と教授に関する研究はいまだにそんなに多くありません。ヴィゴツキーの『高次精神機能の発達史』(邦題『文化的-歴史的精神発達の理論』)や、その学派の人たち(レオンチェフ、ルリア、エリコニン、ガリペリン、アイダロワなど)の研究は、これらの問題に真正面から取り組んだ研究といえますが、最近になって欧米でもようやくこれを受け継ぎ発展させる研究が活発になってきました。

ヴィゴツキーは、たとえば、子どもの書きことばの発達を分析し、身振り手振り、子どもに特有の図式的描画、ごっこ遊びなどに見られる象徴的機能の発達に「書きことばの前史」

を見出しています（『文化的-歴史的精神発達の理論』二二六～二五六頁）。

一見、何の関係もないと思われる描画や遊びにおける象徴的機能の発生が、言葉（音象徴）の象徴である書きことばの発達を準備するということは注目に値します。幼児教育において、文字をやたらに早く教えようとしたり、描画や遊びの発達的意義を認めようとしない考えの誤りが、これによってよりよく理解できるでしょう。

書きことばの発達にとっては、個々の文字が読めたり書けたりするだけではまったく不十分であり、文字学習の前提となる条件を生活のなかにつくり出し、読み書きへの関心や動機を呼び起こしながら、書きことばの教育を進めていくことが大切なのです。このような準備なしに行われる文字学習は、読み書きのメカニズムのたんなる機械的習得となってしまう恐れがあるでしょう。

書きことばの学習への動機づけ

文字がいたるところに氾濫している現代社会では、子どもが文字の読み書きをおぼえるのも、たしかに以前よりは早くなってきています。しかし、それがことばの自覚性を特徴とする書きことばの能力を本当の意味で発達させているのかどうかが問題です。文字学習が、子ども自身の動機や必要性に支えられていないかぎり、読み書きの作業は、教師のいうがままの機械的な作業になってしまったり、苦痛な労働になってしまう恐れがあります。

しかし、他方、書きことばの発達を生活のなりゆきにまかせ、子どもにおける精神機能の成熟や欲求の自然的発露を待ってはじめるような「児童中心主義」の誤りに陥ることも避ける必要があります。それは、生活のなかで自然と身につけていく話しことばの発達の道筋と書きことばの発達の道筋との基本的相違を無視することからくる誤りです。

書きことばに対する動機は、自然成長的に発達するものではありません。それは、社会的・文化的環境のなかで、教師の指導を媒介として発生するものです。ただし、教師の指導技術としては、この非自然発生的な書きことばが、子どものなかであたかも自発的な要求として発生し、発達するように導くことに腕の見せどころがあるといえるでしょう。

遊びのなかで読み書き計算の要求を発達させる自然的方途は、これまでにも多くのすぐれた教師によって開発されてきています。「絵画や遊びと密接に結びついた読み書きの学習は、就学前の教育と学校での学習とを結ぶ架け橋の一つとなる」ことを、ウクライナの著名な教師・スホムリンスキーも詳しく説明しています（スホムリンスキー『教育の仕事』新読書社、一五二頁)。

非自然発生的な概念や動機を自然的に発生させる――このパラドックスのなかに教育技術の核心があります。書きことばは抽象的なことばであり、抽象的思考を要求します。それだけに、書きことばの教育においては、具体的な生活との結びつきが特別に重視されなければなりません。

読み書きが子どもにとって自然的要求であるように学習を組織するということは、それを必要とするような具体的状況を生活のなかにつくり出すことを意味します。綴り方の教育において、生活綴り方の方法が重視される理由の一つもそこにあるといえるでしょう。

生活綴り方の教育は、戦前から日本の教師の長年の実践のなかで編み出されてきた方法ですが、それはたんに生き生きとした綴り方の作品を書くことだけを目的とするのではなく、むしろそのような綴り方の指導をとおして生活意欲や生活的知性の発達をめざすところに主要なねらいがありました、それは、まさに書きことばを子どもの家庭・学校・地域での生活と結びつけ、生活的事象の正しく豊かな見方・考え方を育てることとあわせて綴り方の指導を行うところに重要な特徴があるのです。

4　ことばの意味と概念体系の発達

知覚の論理は矛盾を知らない

ことばの自覚性の発達に重要な意義があるのは、それが概念の体系性の発達と密接に結びついている点にあることを、ヴィゴツキーは強調しています。

子どもが、自分のもつ知識について無自覚であるのは、それらの知識が子どもの頭のなかで相互に何の関連ももたず、ばらばらに存在することからきています。逆に、自分の頭のなかにある考えや知識や概念を自覚するということは、それらを別の概念と関係づけ、それらのつながりをことばでもって言い表すことができることを意味します。

たとえば、「203－7」の数式を見て、これを昨日先生から教えられた「おじいさん型」の引き算だと自覚するということは、この引き算では二回繰り下がりの操作が必要だということを、子どもが頭のなかで自分の言葉で言い表すことができることを意味します。子どもは、算数の概念体系をある程度つかんできているのです。

このような概念体系のあるなし、あるいは体系性の性質は、子どものもつ概念や知識の特質を決定するもっとも基本となるものだと、ヴィゴツキーは考えました。

たとえば、「花」という言葉の意味、あるいはこの概念とその対象との関係は、植物の実や種子、生殖器官などの生物学の概念体系をもたない子どもの場合と、それらを知っている子どもの場合とでは、まったくちがったものになるでしょう。

体系性をもたない、あるいは体系性の外にある概念では、対象とのあいだにたまたま経験的にとらえられた関係だけが存在し得るにすぎません。

ここから、子どもに特有の論理、ピアジェのいう自己中心的思考も生まれるのです。

二つの形の等しい金魚鉢に同量の水を入れたあと、一方の水を洗面器に移すと、子どもは水の量が変わったと思います。ある子どもは、水が増えたといい、別の子どもは減ったといいます。

また、この鉢の水を五つのコップに分けたとします。この場合、現象的にはたいへんな変化が生じます。しかし、水の量に変わりはありません。ところが、子どもは増えたとか、逆に減ったなどと思います（資料6）。

このことを理解するためには、一定の抽象的思考が必要です。量はどれだけ分割しても、もとへ戻せば同じになるということは、実際にそのような操作を繰り返しているなかで子どもにもわかってきます。そして、やがて実際に操作しなくても、頭のなかでその操作を代行し、量は変わらないことを推論できるようになります。

「量の保存」（ピアジェ）という一般的・抽象的概念、つまり、この場合、見かけは大きく変わっても、量は変わらないということが、子どもにもわかってきます。この概念ができると、たとえば、粘土の形の変化によって量が減ったり増えたりするという発言に矛盾を感じるようになります。

この矛盾を感じるようになるというのは、高さが減ったり、幅が広くなったりするという個々の事実をばらばらに見るのではなくて、それらを一定のつながりのなかで見るようになったことを意味します。すなわち、一定の体系が子どものもつ概念のあいだにできてきたのです。

このような概念体系ができていないときには、子どもは矛盾したことを平気でいいます。たとえば、「これは大きいから、水に沈んだのさ」といったすぐあとで、「これは小さいから、

資料6

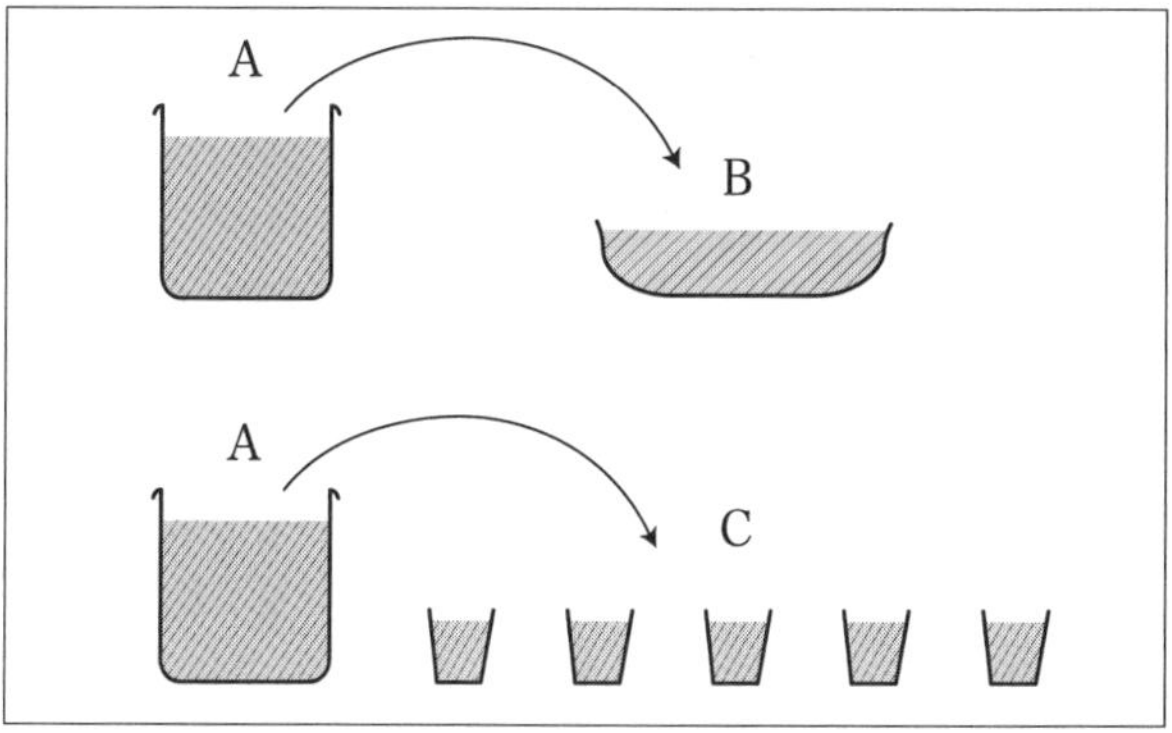

沈んだのさ」といっても、子どもはそのあいだに矛盾を感じないのです。

「知覚の論理は、一般に矛盾を知らない」と、ヴィゴツキーは述べています（『思考と言語』三四三頁）。

実際に、あるときには大きなものが、別のときには小さなものが水に沈むのを子どもは見ています。だから、いくら矛盾を指摘されても、子どもは「私は、ちゃんと見たのよ」と固執するでしょう。

したがって、子どものことばのなかに出てくる「…から」や「…ので」は、文法的には正しく使われていても、因果関係を必ずしも表しているのではなく、そのような関係は子どもにはまだ自覚されていないのです。

「子どもの発達においては、文法は論理に先行する」（『思考と言語』三六八頁）のです。

抽象的・論理的思考の発達

子どものもつ概念の体系化が進むと、対象を諸概念との関係をとおして見る間接的な関係が対象とのあいだに発生します。さらには、概念と対象とのあいだに超経験的な関係が発生することも可能となります。

すべての科学的概念は、体系化された概念であり、概念体系の存在を基本的前提とします。したがって、科学的概念の習得は、子どもが自分のもっている生活的概念の自覚に達する最良の道となります。「科学的概念は、それをとおして自覚性が子どもの概念界に入っていく門」(『思考と言語』二七一頁) だとヴィゴツキーはいい、子どもの思考の発達において体系的な科学的概念の学習が特別に重要な「形式陶冶」的意義をもつことを強調しています。

つまり、科学的概念の形成が進むとともに、抽象的・論理的思考や自己知覚・自己観察の集中的発達、自分が体験した世界の集中的認識が進み、子どもは自分自身を、自分の内的世界を真に理解しはじめるようになるのです。

では、子どもの発達段階のうえでそれが可能となるのはいつごろなのでしょう。

ヴィゴツキーは、思春期がはじまるときに、言葉の本来の意味における論理的思考への移行が行われると述べています。それ以前の子どもは、自分の思考操作を十分に自覚せず、その操作を完全には習得していないのです。

しかし、異なる意見とぶつかり、論争がはじまるとき、「子どもは、他者の前で自分の考えの正当化を試みはじめ、自分自身の思考を観察しはじめる。……論理的思考は、つねに意識的で、内省的な思考に基礎をおいている……口論、理由づけ、証明、論証の必要性は、論理的思考が発達する基本的要因の一つなのである」（『思春期の心理学』一一三、一一三頁）。

わが国の学校現場では、以前から「九歳の壁（あるいは節）」ということが問題とされてきました。九歳から学びはじめる分数計算で多くの子どもがつまずくのです。国語の漢字学習でも、四学年から学びはじめる「信用」「勇気」「関係」といった抽象語の読み書きで子どもは壁に突き当たり、習得率がいちじるしく落ちるようになります。科学的概念の体系的学習が本格的にはじまり、概念的・論理的思考が要求されるのは、まさに思春期のはじまる小学校高学年のころからだといえるでしょう。

戦前の壮丁（二十歳で徴兵の青年）学力検査においても、小学校卒の青年に、いわゆる知識の「剝落」現象（学校で学んだ知識が身につかず、剝げ落ちていくこと）のあとにも残っている学力は小学四年生程度にとどまっていました。彼らは、「自ら考える」ことをしない「文化的文盲」でした。九歳の壁を乗り越えられるかどうかが、人間の知的発達においてはきわめて重要な意義をもつように思われます。

5　ヴィゴツキー理論の学び方

ヴィゴツキーから何を学ぶか

ヴィゴツキーの「文化的-歴史的精神発達の理論」、とりわけ〈発達の最近接領域〉の理論は、一章でも述べたように、一九六〇年代以降、わが国をはじめ、世界の心理学界、および教育界に大きな影響を与えてきました。

ところで、このヴィゴツキー理論の学び方には、わが国の場合とアメリカをはじめとする西側諸国とのあいだに多少のちがいがあるように思われます。ヴィゴツキー理論のどの側面に重点をおいて学ぶかということのちがいといってよいかもしれません。

アメリカのブルーナーやコールたちは、〈発達の最近接領域〉を「学習の可能性」を構成する「社会的・文化的文脈」と見なして、「協同学習」の意義を主張したり、〈発達の最近接領域〉における「道具的思考」と「社会的協同過程」を重視して、学習の跳躍を大人が準備する「足場づくり」の意義と「仲間相互の教え合い」の重要性に着目してきました。アメリカにおける〈発達の最近接領域〉概念の普及は、「バラバラの机の個人学習からテーブルを配置した協同学習へと、教室の環境と学びの様式を変化させるものとなった」ともいわれています（佐藤学「学びの対話的実践へ」、佐伯胖他編『学びへの誘い』東大出版会、六三頁）。

他方、「わが国の普及において、学習の社会的過程は捨象され、……ヴィゴツキーの理論は、教科内容の科学的組織と教育指導の主導性の課題として議論されたものの、学習の文脈を構成する社会的関係を再組織する課題としては問題にされなかった」。したがって、ヴィゴツキーの学習理論に含まれている「学び」の「目的的で活動的な性格、共同体的で社会的な性格、および知性的で倫理的な性格」を学び直す必要が、わが国の教師たちにはあるかのように主張されています（前掲書、五二、六五頁）。

アメリカの学校教育の現実が、この論者のいうとおりなのかどうかはわかりませんが、わが国におけるヴィゴツキー受容のしかたに偏りがあり、「学習の社会的・共同体的性格」について学ぶことを怠ったという論の立て方については、あまりにも日本の教育界の現実を無視したアメリカ一辺倒の議論ではないかと、私には思われます。

個人主義・エリート主義的傾向の根強いアメリカや西欧の教育界で、ヴィゴツキーの理論から「学び」の「共同体的性格」を学び取ることが強調されているということには一定の歴史的・社会的必然性があるように思います。

これに対し、わが国では戦後に限ってみても、学習の協同的で社会的な性格の実践や研究は、無着成恭の「山びこ学校」、斎藤喜博の「島小学校」における実践、近藤益雄の障害児教育の実践、板倉聖宣の「仮説実験授業」における討論学習、大西忠治の「学習集団」の研究と実践をはじめとして、きわめて具体的ですぐれた実践の記録や研究が山とあります。

ヴィゴツキーの発達や学習の理論では、たしかに「協同学習」の意義が論じられており、学校における集団主義の必要についてさえ『教育心理学講義』(二八四頁)や障害児教育の論考では触れていますが、具体的方法論にまでおよんでいることはほとんどありません。

わが国の教師や教育界が、〈発達の最近接領域〉の理論から「教科内容の科学的組織」と教師の主導的役割だけを学んで、「学習の社会的性格」について学ぼうとしなかったのはむしろ当然のことといえるでしょう。

科学的概念習得の心理学的意義

また、ヴィゴツキー理論の核心といえるもの、〈発達の最近接領域〉論などで繰り返し強調されていることは、彼の主著『思考と言語』を読めば容易にわかることですが、学校で体系性をもった科学的概念を学ぶことによって、子どもの精神機能の発達全体に起こる根本的変化への着目であり、その心理学的意義の解明にあります。

つまり、書きことばや文法の習得、算数や理科の体系的知識の習得をとおして子どもに発達するものは、たんに「読み書きができる」「計算ができる」ということだけではなく、階層的な体系性をもった科学的概念の習得により、子どもが自分自身のもつ知識や思考過程を自覚し、随意的に制御し利用することが可能になるということです。言語を媒介にした高次の精神機能（注意や記憶、論理的思考における自覚性や随意性）の発達は、「科学的概念の門を通ってやってくる」ということをヴィゴツキーは繰り返し強調しています。

わが国では、ヴィゴツキーの学習理論は「デューイの経験主義」に対立するものとして導入されたため、「デューイとヴィゴツキーの理論に共通」する「問題解決的思考」という「学び」の「活動的性格」について学ぶことが脱落したともいわれていますが、ヴィゴツキー自身は、自分の「道具主義的方法は、J・デューイその他のプラグマティストたちの道具主義的論理学と共通なものを（その名称を除いて）何ももたない」（『心理学の危機』五七頁）と述べています。

道具主義的方法は、たんに発達しつつある子どもを研究するだけでなく、教育されつつある子どもをも研究し、そこに人間の子が有する歴史の本質的な特色を見る。教育は、子どもの人為的な発達と定義されうる。教育は、発達の自然的過程の人為的な統御である。教育は、たんに発達のあれこれの過程に影響をおよぼすだけでなく、行動のあらゆる機能をまさに本質的なしかたで再構成する。

（『心理学の危機』五七頁）

このように子どもの発達における教育の主導的役割を強調するヴィゴツキーの理論を、児童中心主義的傾向のあるデューイの学習理論と同じにすることは到底できないでしょう。

アメリカの（認知心理学者たちによる）ヴィゴツキー研究を参考にして、ヴィゴツキーの学習理論から学ぼうとする日本の認知心理学者や教育学者たちは、「認知革命」だとか「学習観の変革」、あるいは「静かな文化革命」の進行といったラディカルな論を展開して注目を浴びていますが、なぜかヴィゴツキーの「体系的な科学的概念の学習」理論は避けて、「学びの社会的構成」や「問題解決的思考」、あるいは最近では「社会構成主義」の協同学習といった学習方法面だけを取り上げる傾向があるように思われます。

そして、「教育という世界の奇妙なことは、何を議論しても、すべてがいつのまにか『何を教えるべきか』の話になってしまうことである」といい、「学習論」がいつのまにか「教育課程論」にすり替わってしまうことに苦言を呈したりしています（佐伯胖他編、前掲書、六頁）。

しかし、わが国におけるさまざまの深刻な教育問題の実態を考えた場合、「何を教え、学ぶか」という教育内容論や教育課程論を抜きにして学習を論じようとする議論こそ一面的で、片手落ちの学習論というべきでしょう。

第5章

思春期の心理

1　ヴィゴツキーの発達段階論

児童学者ヴィゴツキー

ヴィゴツキーは、なによりも弁証法的唯物論の立場に立った新しい心理学の体系やその一般的方法論の建設に主要な関心がありましたが、個別的な心理学の研究としては「思考とことば」の発達を中心とした高次精神機能の発達の理論的・実験的研究に取り組んだ、その当時のソ連の代表的な「児童学者」の一人でもありました。

「児童学」というのは、ヴィゴツキーの定義によれば、「子どもについての科学」の総称であり、乳幼児から青年までを含む「子どもの発達についての科学」であって、「身体的・心理的な発達のすべての側面を含むもの」とされています。この児童学の研究がソ連で栄えたのは、一九二〇年代から三〇年代前半までで、とくに二〇年代の後半には思春期の子どもたちの問題に関心が集中し、さまざまのテストや調査で、知的障害児やいわゆる「問題児」を選別し、特殊学校や特殊学級に送り込むことに利用されていました。

このことが、のちに児童学の「似而非科学的実験・調査」としてきびしい批判を浴びることになったのです（全ソ連共産党中央委員会決定「教育人民委員部の系統における児童学的偏向について」一九三六年）。

ヴィゴツキー自身は、この問題に関して、一九三一年に書いた論文「困難を抱えた子どもの発達診断と児童学的臨床」などにおいて、テストに偏らないより合理的・科学的な児童学的発達診断の必要を強く訴えていたのですが、「児童学批判」の嵐のなかで、理不尽にもブロンスキーなどほかの児童学者とともに反マルクス主義の烙印を押され、著作はすべて使用を禁じられ、没収されてしまいました。名高いスターリン主義の悪行の一つであったといえるでしょう。

〈危機的年齢の時期〉と〈安定的時期〉

子どもの発達の年齢的段階論について、ヴィゴツキーはきわめて独創的な理論を展開しています。子どもの誕生から青年期に至るまでの発達を、ヴィゴツキーは、〈危機的年齢の時期〉と〈安定的時期〉との順次的交代によって時期区分しています。

危機的年齢の存在は、従来から経験的に認められてきましたが、危機の実際的意義を理論的に明らかにする心理学者はいませんでした。子どもの発達の全体的図式のなかに危機を体系的に位置づけるのは、これが最初の試みだろうとヴィゴツキー自身、述べています。〈危機的年齢の時期〉の特質として、子どもの多くがその時期に教育困難性を表すとヴィゴツキーはいいます。

子どもたちは、それまで受けていた教育的働きかけの体系から、抜け落ちていくかのように見えます。たとえば、学童期から思春期への移行における〈危機的年齢の時期〉では、子どもたちに学習成績の低下や学業に対する興味の弱まり、活動力の低下、人格の内面における不調和や行動の消極的・反抗的性格が現れます。

この時期の子どもの内面生活は、ときに、病的な苦しみに満ちた体験、内面的葛藤と結びついています。そのため、〈危機的年齢の時期〉には、子どもと周囲の者との間にしばしば多少なりとも鋭い対立をともないます。

そして、数か月から一年、もっとも長くて二年くらいの短い期間に、子どもの人格の大きな進歩、はげしい変化が集中するのです。この意味で、発達の転換点ともいえるでしょう。

資料7

〈新生児の危機〉—乳児期（二か月—一歳）—〈一歳の危機〉—幼児期（一歳—三歳）—〈三歳の危機〉—就学前期（三歳—七歳）—〈七歳の危機〉—学童期（八歳—十二歳）—〈十三歳の危機〉—思春期（十四歳—十八歳）

〈新生児の危機〉—乳児期（二か月—一歳）—〈一歳の危機〉—幼児期（一歳—三歳）—〈三歳の危機〉—就学前期（三歳—六歳）—〈六歳の危機〉—学童期（六歳—十二歳）—〈十二歳の危機〉—思春期（十二歳—十七歳）

他方、〈安定的時期〉では、発達は緩慢で漸進的な、ゆっくりした経過で特徴づけられます。この時期の子どもの人格の変化は淀みがなく、周囲が気づかないほどの内部的変化がほとんどです。めだたない微細なその成果は、一定の限界まで蓄積されたあと、突発的に何らかの年齢的「新形成物」として外部に現れ、観察可能なものになります。子ども時代の大部分は、このような〈安定的時期〉で占められています。

このような原理のもと、ヴィゴツキーは資料7の上段のような年齢的時期区分を示しています。

ヴィゴツキーの発達段階論の特徴の一つは、これまでの説明からもわかるように、子どもの発達をつねに教育との関係で見ていることにあると私は思います。ところで、その当時ソ連の小学校は八歳入学でした。その後、七歳入学に切り換えられ、最近では六歳、または七歳入学とされています。そこで、ヴィゴツキーのこの図式は、わが国の六歳入学の現状に合わせるときには多少の修正が必要だろうと思い、その修正を加えたのが下欄のものです。

新しいものの発生と古いものの死滅

〈新生児の危機〉は胎児期と乳児期とを区分し、〈一歳の危機〉は乳児期と幼児期とを区分します。同様に、〈三歳の危機〉は幼児期と就学前期とを、〈六歳の危機〉は就学前期と学童期とを、〈十二歳の危機〉は学童期と思春期とを区分します。〈危機的年齢の時期〉は、すべて子どもの発達における移行期であり、転換点です。

ヴィゴツキーによれば、〈危機的年齢の時期〉の子どもの発達は、ある段階からほかの段階への移行が漸進的にでなく、革命的に、弁証法的に行われます。この転換期の人格の急激な変化に教育体系の変化が追いついていかないために、子どもは相対的に教育困難となるのです。

そして、「あらゆる生が同時に死である」（エンゲルス『自然弁証法』）ように、子どもの発達も必然的に古いものの縮小と死滅の過程を含んでいます。発達における新しいものの発生は、つねに古いものの死滅を意味します。この古いものの死滅過程も主として〈危機的年齢の時期〉に集中しています。

しかし、〈危機的年齢の時期〉の意義が、このことに尽きるととらえるのは大きな誤りだと、ヴィゴツキーはいいます。

発達は、けっして創造的な営みを止めることはありません。〈危機的年齢の時期〉に表される退行の過程は、それ自身が人格の積極的な建設過程に従属するものであり、建設過程に直接に依存し、建設過程とともに一つの不可分の全体を構成しているのです。したがって、この時期の発達の消極的内容は、その〈危機的年齢の時期〉の主要な基本的意味をなす人格の積極的な変化の裏側、あるいは影の側面にすぎないのです。

たとえば、〈一歳の危機〉では、子どもは歩くとも歩かないともいえない、しゃべるともしゃべらないともいえない「存在と非存在との統一のよう」（『新児童心理学講義』七〇頁）な状態にあります。しかし、このことが歩行とことばの獲得という積極的な面と結びついています。

強情、片意地、反抗癖など、しつけが難しくなる〈三歳の危機〉の積極的意義は、ここで子どもの人格の新しい特徴が発生するということにあります。この〈三歳の危機〉が何らかの理由で不活発で、内面的・外面的葛藤を経ずにいると、つぎに続く年齢で子どもの人格の感情的・意志的側面の発達に深刻な遅滞が生ずることが、心理学では確認されているとヴィゴツキーは述べています。

同様に、〈六歳の危機〉では、無邪気さや率直さを失い、行動にどこか落ち着きがなかったり、理由なくふざけたりおどけたりするなどの行動が見られます。このような消極的兆候の反面、人格の内的側面と外的側面が分化しはじめ、子どもの自主性が増大し、他者に対する態度が変化するという大きな達成があるのです。

思春期に入る〈十二歳の危機〉には、先に述べたような変化が起こりますが、たとえば知的作業の生産性の低下という現象は、ここで直観性から理解と演繹への転換が起こることに原因があります。知的活動の高次の形態への移行が、一時的な活動力の低下をもたらすのです。

2　思春期における興味の発達

思春期のとらえ方

ヴィゴツキーの発達段階区分では、思春期は〈安定的時期〉に入っています。このことに疑問をもつ読者も多いのではないでしょうか。

思春期はよく、荒々しいエネルギーの噴出する悲劇的な危機の時代、あるいは多様な心理作用が総合して成熟に至る積極的な時代などととらえられています。しかし、このような見方は、「思春期をがっちりと確立し、決定された性質によってできあがった既成のものとして一つの公式でとらえてしまおうとする静的なまちがった問題の立て方」（『思春期の心理学』三四頁）だとヴィゴツキーはいいます。思春期の運動、発達には、危機と積極面との両極の「生き生きとした共存が見出される」のです。

思春期を安定期に入れることは、この年齢に関して私たちに知られていること、この時期を少年の生活における大きな高揚の時期、この時期の人格においてなされる高度の総合の時期として特徴づけるすべてのことがらからの必然的な理論的帰結である。

（『新児童心理学講義』二七頁）

そして、ヴィゴツキーは思春期をつぎのような時期だととらえます。

思春期は、二つの基本的特徴によって性格づけられる。第一に、思春期は古い興味の粉砕と死滅の時期であり、第二に、のちに新しい興味が発達する基になる新しい生物学的基礎が成熟する時期なのである。

（『思春期の心理学』三五頁）

性的成熟と興味の発達との関連

思春期は、わが国では一般的に、十一～十二歳から十七歳ごろまでの少年・少女のことをさしています。本書では、思春期を迎えたこの年代の子どものことを、「少年」と呼ぶことにします。

思春期は、性的成熟の時期であり、第二次性徴が現れ、生殖能力をもつようになる青年前期です。また、身長が急激に伸び、性的ホルモンの働きが活発になり、第二次性徴（女子における乳房の成熟、初潮、男子における声変わり、射精など）が生じます。

まさに子どもから大人への過渡期であり、男として、女としての第二の誕生の時期だともいわれています。親からの精神的独立（心理的離乳）に向かって歩み出す途上で、不安と葛藤が高まり、しばしば親や教師、社会的権威に対する反抗的態度（第二反抗期）が生じます。もはや子どもではないし、大人でもない。まだ子どもでもあるし、大人でもある。このような矛盾的存在であるところから、さまざまの厄介な少年問題や教育問題も生じています。

ところで、ヴィゴツキーによれば、思春期における興味の問題は、「思春期の心理発達に関するあらゆる問題への鍵となる」ものです。

思春期における興味の発達が、性的成熟と密接に結びついていることはいうまでもありません。しかし、「興味は、人間と動物とを区別する特別の人間的状態」であって、「自然的欲求そのものが人間の歴史的発達の過程で深い変化を遂げる」ことを、ヴィゴツキーは、エンゲルスの「現代の性愛は、古代人のたんなる性欲とは本質的に異なっている」こと、男女二人のあいだの個人的性愛という形態が最初に発生したのは中世になってからのことだといった話を紹介しながら、説明しています（『思春期の心理学』二六〜二八頁）。

要するに、思春期には性的成熟にともなって、性的興味も強まりますが、その現れ方は社会的・歴史的性格をおびており、その興味は自然的・生得的なものではなくて、一定の社会的・教育的環境のなかで獲得され、発達していくということです。

それにしても、児童期から思春期への移行は、毛虫がサナギに、サナギが蝶に変身する過程に類似するほどの変化を意味すると、ヴィゴツキーはいいます。サナギの蝶への変身は、サナギの消滅と蝶の誕生を意味しますが、それに似て、思春期には児童的興味が消滅し、新しい興味が生まれます。

性的成熟の初期には、性的欲望がもっともあからさまに、剝き出しのかたちで現れますが、性的成熟が進むにつれてこのような形の徴候は増大するのでなく低減し、この時期の終末は、知的活動の生産性や成果の高まりという基本的徴候によって特徴づけられると、ヴィゴツキーは当時ソビエトで行われたさまざまな調査に基づいて述べています。また、この時期の反抗的構えは、けっしてすべての子どもに同じような程度で現れるのではなく、家庭や学校のなかでさまざまな形態で現れていることを明らかにしています。

性本能の「昇華」が性教育の基本路線

このことと関係してヴィゴツキーは、性教育の問題にも深い関心を寄せ、つぎのような性教育論を展開しています。

彼は、「性教育とは、もっとも幼いころから子どもに性生活についての科学的見解を知らせること」だといいます。そして、赤ん坊を運ぶコウノトリやキャベツ畑で見つかった赤ちゃんなどのおとぎ話はすべて、きわめて早くから子どもにうそだと気づかれ、子どもの好奇心をかえって刺激し、この「秘密」についての問いを呼び起こします。同時に、それらを何かよくない、恥ずかしいものだという理解と結びつけることになり、子どもの心理や想像を混濁させ、汚してしまうのです。この意味で、子どもに性生活についての科学的見解を知らせることは、心理学的に必要欠くべからざることであり、「真実がつねに正義を教える」のだとヴィゴツキーはいうのです（『教育心理学講義』四六頁）。

ただし、性教育の仕事には特別の教育的気転と最大の慎重さが要求されるのであって、つねによい結果をもたらすとはかぎらないこと、したがって、適切な時期、適切な手段・方法を選ぶことの必要を強調しています。

このようなヴィゴツキーの性教育論のなかでもっとも重要であり、私たちの興味をひくのは、性本能の「昇華」こそが、性教育の基本路線だという考えでしょう。

性本能は、心理学的に見て、精神的衝動、苦しみ、快楽、願望、苦痛、喜びの強力な源泉であることは明らかです。性成熟期の思春期には、性的欲望がはけ口や満足を見出せず、荒れ狂うような感情をもてあまし、あるいは不安にさいなまれ、絶えず葛藤状態を抱えることになります。そこからの脱出は、荒れ騒ぐ本能の破壊的力が必要な水路に流れるとき、すなわち昇華が生じるときにのみ可能となります。

昇華とは、意識下の低次のエネルギーが高次のエネルギーへ押し返され、転化することです。性感情の葛藤がうまく昇華されない場合、ときには神経症疾患、ノイローゼといった病的な形態をとることがあります。そこで、性教育の課題は、性本能を押しつぶしたり、無力化することではけっしてなく、反対に、性本能の昇華、すなわち、それを意識下のほかのより高次な興味に押し出すこと、それによって創造力を補給することであり、それこそが性教育の基本路線だとヴィゴツキーはいうのです。

ここでヴィゴツキーは、「創造力の最大の緊張は、まさに性腺が成熟するときにやってくる」という、ショウペンハウエルの考えを引用し、人間のもっとも創造的な年齢は性の花咲く年齢であり、性腺の内分泌が、人間的活動の最高の形態である創造と緊密に結びついていることは、古くから認められており、だからこそ古代ギリシャ人は、性的欲望の力だけでなく、詩的創造や哲学的思考の努力をも「エロス（Eros）」と名づけていたのだと述べています。

そして最後に、思春期の心理を、つぎの青年時代ともつなぎながらこのように総活します。

思春期は、自分自身への高まる興味によって特徴づけられる。子どもは、かぎりなく質問を出していたかつての時代のように、ふたたび哲学者、叙情詩人となる。自分自身の体験、「自我」の問題が、いまや少年のあらゆる注意をくぎづけにするが、青年時代になると、これが世界への客観的現実の根本的問題へと拡大し、高揚した興味に取って代わられ、それがこんどは彼の意識をさいなむようになる。（『教育心理学講義』五五頁）

つまり、思春期を、エリクソンのいう「アイデンティティ」（自我同一性）の確立――自分とは何者であり、社会のなかでどんな役割を果たすことができるのか、自分の人生の目的は何かなどを自問し、追求する――に向かう時期として、ヴィゴツキーもとらえているといえるでしょう。

3　思考の発達と概念の形成

知的活動の新たな高次の形式へ

性的成熟の思春期の時代における思考発達の中心になるのは概念の形成です。この概念形成の過程は、内容の面でも、思考形式のうえでも真に革命的な変化を意味するとヴィゴツキーは述べています。

思春期においてはじめて、子どもは概念形成の過程を習得し、知的活動の新しい高次の形式――概念による思考に移行するのです。

ところが、従来の心理学では、思春期の少年たちの思考は、幼児期の子どもたちの思考と比べ、本質的に新しいものは何もないと考えてきました。すでに三歳の子どもの思考にあるような特質のたんなる量的な増大、量的集積にすぎないと見ていたのです。

これに対し、ヴィゴツキーは、「概念発達の実験的研究」を行い、子どもにおける概念形成は、

①第一段階……幼児の行動に見られるように、十分な内的関係なしに統合された「非組織的な未整理の集合」の形成、あるいは印象に基づいていくつかの事物を結びつける「混同心性的な結合」の形成

②第二段階……具体的事物のあいだに実際に存在する、客観的な結合に基づいて結びつけられた事物の複合による「複合的思考」(thinking in complexes) の形成

③第三段階……真の概念形成

という三つの段階を経て到達するということを明らかにしました。この「実験的研究」の内容は、『思考と言語』第五章にくわしく述べられています。そして、この第三段階への移行は、思春期になってはじめて行われるものだとヴィゴツキーはいいます。

概念形成に関する研究からの結論として、ピアジェも十一～十二歳までの子どもは、概念の周到な定義を下すことができないことを確認しています。子どもはつねに何かの具体的・

直接的・自己中心的観点に立って判断し、一般的なものと特殊的なものとの関係をとらえることができないのです。学童期の子どもの概念には、ある種の一般化、さまざまな特徴の統合が含まれていますが、その一般化はまだ子ども自身に自覚されておらず、子どもは自分の概念の根拠を知らないのです。一つの概念のさまざまな要素のあいだの総合や論理的ヒエラルキーの欠如こそ、子どものいわゆる生活的概念を特徴づけるものです。

小学生にとって、言葉は物の名前を意味するものとすれば、少年たちにとっては、言葉は物の概念、すなわち物の本質、物の構成法則、それとほかの物との関連、すでに認識され、整理された現実の体系のなかでのそれの位置を意味するようになるのです。このちがいは、前に述べた生活的概念と科学的概念との相違に等しいといってよいでしょう。

概念的思考は事物の内的本質に入り込む

ところで、伝統的心理学は、概念を具体的現実からあらゆる豊かさを離れた抽象的・知的構成としてとらえる考えを、形式論理学から取り入れてきました。形式論理学の観点からすると、概念の発達は基本的に概念の外延と内包とが反比例の法則に従って行われることになります。概念の外延が大きければ大きいほど、その内包は狭くなるのです。つまり、その概念が当てはまる対象の数が多いほど、その具体的事物の範囲が広いほど、その内包はより貧しく、空虚なものになるということです。そのため、形式論理学の言いなりになって概念学説の研究を行う心理学は、概念的思考を内容的にきわめて貧しく、乏しい、やせた思考体系として描いてきました。

ヴィゴツキーは、概念についてのこのような形式論理学的観点は克服されねばならないと考えました。ヴィゴツキーによれば、実際の概念は、複雑な内容をもった客観的対象の形象です。対象をそのすべての関連・関係のなかで認識するとき、すなわち、その多様性が多くの定義をとおして言葉のなかに、全体的形象のなかに総合されたときにのみ、概念は発生するのです（『思春期の心理』九三〜九四頁）。

弁証法論理学の学説に従えば、概念は一般的なものだけでなく、個別的なものも特殊的なものも内に含んでいます。つまり、対象の直観的・直接的知識とは異なり、概念は対象の定義で満たされています。それはまた、私たちの経験の合理的精練の結果であって、対象の間接的な知識です。概念によって何かの対象について考えるということは、その対象を、概念定義のなかで示された、それを間接的に表現する関連や関係の複雑な体系のなかに取り込むことを意味します。このように、概念をつくりあげるということは、その対象とほかのすべての現実との関連や関係を明らかにし、それを現象の複雑な体系のなかに取り入れることを意味します。つまり、概念は抽象度の高い言葉で言いかえるといった機械的な結果ではけっしてなく、対象を長期にわたって深く認識した結果なのです。

この意味で、抽象の役割を顕微鏡の威力と比較したマルクスはまったく正しいとヴィゴツキーはいいます。顕微鏡のおかげで、目には見えない水滴のなかにひそむ、豊かな生命や細胞の複雑な構造を明らかにすることができるのと同じように、概念を使った真の科学的研究をすれば、私たちは、現象の外見をとおして、現象の外的な表現形式を貫いてなかに入り込み、現象の奥に潜んでいる関連や関係を見出し、それらの本質を洞察することが可能となるのです。事物の本質は、個々の対象の直接的な直観によっては明らかにされず、対象の運動のなか、発達のなかで現れる関連や関係、対象をほかのすべての現実と結びつける関連や関係のなかで明らかにされるからです。

物の内的本質に入り込むがゆえに、概念的思考は現実認識の最適の方法となるのです。

概念的思考がもたらすもの

ヴィゴツキーによれば、認識と理解のもっとも重要な手段である概念的思考は、少年たちの思考内容に根本的な変化をもたらします。

第一に、概念による思考は、現実の基礎に存在する深い関連の解明、現実を支配する法則性の認識、知覚された世界を論理的関係の網によって整理することをもたらします。概念の記号である言葉を使って具体的現実を認識するとき、人間は目に見える世界のなかに含まれる関連や法則性を明らかにするのです。

第二に、概念は他人を理解し、人類の歴史的・社会的経験を適切に習得する基本的手段となります。概念においてのみ、子どもは、社会的意識の世界をはじめて理解し、体系化するのです。

第三に、自分自身の体験の世界をここではじめて認識し、整理し、体系化することが可能になります。子どもの自己意識は、思考の発達に厳密に依存して、きわめてゆっくりと発達するものです。自分自身の理解、自己意識の発達と形成への決定的な前進は、思春期において、概念形成とともにはじめて生じるのです。

論理的思考は熟考と探究から生じる

ところで、このような概念が形成され、概念的思考が子どもに可能となるのは、思春期のころからだとヴィゴツキーはいうのですが、どのようにして子どもがそのような思考形式を獲得するのかが問題です。

論理的思考は、つねに意識的で内省的な思考に基礎を置いていますが、学童期の子どもは、自分自身の思考操作をまだ十分に自覚せず、したがってその操作も完全にはマスターしていないということを、ピアジェやヴィゴツキーたちの研究は明らかにしています。小学生には、内観、内省の能力はまだわずかしかありません。「論争や異論の圧力の下でのみ、子どもは他者の前で自分の考えの正当化を試みはじめ、自分自身の思考を観察しはじめる」のだということを彼らの研究は示しています（『思春期の心理学』一一三頁）。

論理的思考の未発達は、子どもが自分自身の思考過程を自覚せず、それをマスターしていないということにほかなりません。

自分の考えが他者の考えと衝突し、他人の異なる考えに順応しようとすることがないかぎり、子どもは自分自身を自覚することができません。判断は無意識的に行われたり、以前の経験に基づいて生じることがあるのに対して、論理的確証は熟考と探究から生じます。要するに、それは自分自身の考えについて、一定の構造的自己観察をすることを求め、その論理的必要性がわかる思考を要求するのです。

幼年時代を除いて、人間生活のどの段階にせよ、思春期ほどに明瞭に、ことばの発達とともに思考の発達が進み、言語的公式とともにますます新しいより鋭い識別が思考に可能となることを観察することはできないだろうと、ヴィゴツキーはいっています。

概念の形成が少年たちの心理発達全体におよぼす甚大な影響について、ヴィゴツキーはつぎのようにまとめています。

この年齢における思考は、ほかの諸機能と並ぶ一つの機能ではない。思考の発達は、残りのすべての機能や過程にとって中心的・鍵的・決定的な意義をもつ。概念形成の機能の獲得は、思春期の少年たちの心理に生じるあらゆる変化のなかで、主要な中心的環を成すものであるということ以上に、より明瞭・簡潔に少年たちの全人格、その全精神機能との関係における知的発達の主導的役割を表現することはできないだろう。残りのすべての環、すべての部分的機能は、少年たちの思考が達成する決定的成果の影響のもとで知性化され、改造されるのである。

（『思春期の心理学』一四一～一四二頁）

第6章

芸術教育論

1　美的反応の法則性

「芸術心理学」から美の教育へ

ヴィゴツキーは学生時代から多方面にわたる研究をしていました。文学、歴史学、経済学、とくにドイツ古典哲学の素養は専門家はだしだったといいます。その彼が、とりわけこの時期に関心を示していたのが、文芸学と演劇論でした。トルストイの『アンナ・カレーニナ』やプーシキンを評論していましたし、前にも述べたとおり、シャニャフスキー市民大学での卒業論文は「シェイクスピアのデンマークの王子ハムレットの悲劇」でした。

一九二五年に脱稿し、スターリン批判後の一九六五年にはじめてモスクワの「芸術」出版所から刊行された『芸術心理学』は、芸術作品の構造の特殊性を分析することによって、芸術作品が私たちの心理に呼び起こす美的反応の法則性を明らかにしようとしたものでした。

そんなヴィゴツキーが芸術教育への関心をもつのは当然のことだったでしょう。ヴィゴツキーは、芸術教育、美の教育を、文学、音楽、美術、演劇などのほか、料理やファッションまで含めて幅広くとらえていました。

『芸術心理学』でも最後のところで文学の授業や芸術教育についていて少しふれているのですが、その翌年（一九二六年）に出版された『教育心理学講義』では、「美の教育」に一章を当て、芸術教育の目的・方法・意義についてかなりくわしい議論を展開しています。

教育に奉仕する美意識

「心理学においても教育学においても、美育の本質・意味・目的・方法に関する問題は、今日まで完全に解決されるには至っていない」とヴィゴツキーは当時の状況を批判していますが、そのような状況はわが国の現状にもそのままあてはまるのではないでしょうか。「理科で科学が教えられていない」としばしばいわれるのと同様に、芸術教育に関しても、文学を教える・美を教えるという観点がまったく欠けているのではないかと私は思います。

この問題について、ヴィゴツキーは美的体験の教育的意義をまったく否定するものと、過大に評価する意見との極端に相対立する見解が、従来、述べられてきたといいます。この両極の中間に、子どもの生活における美意識の役割に関する穏健な見解があるのですが、それらによれば美意識の意義はなぐさみと満足にすぎなくなります。こうしてヴィゴツキーは、いつもの論法で従来の学説や理論の批判的検討から論を開始し、展開していきます。

「教育に奉仕する美意識は、つねに自分とは異なる使命を果たすのであり、認識、感情、道徳的意志を教育するための手段・方法」とされていることを、ヴィゴツキーはまず問題とします。「美意識に結びついたこれら三つの付随的目的（認識、感情、道徳）は、この問題の歴史においてその解決をいちじるしく妨げる役割を果たしてきた」のです。

芸術作品を道徳的な刺激とする教育への批判

ヴィゴツキーは、「なによりも、美的体験が道徳と何らかの直接的関係をもち、すべての芸術作品が道徳的行動への刺激を含んでいるというような見解を否認する必要がある」といいます。そして、授業の例を引きながら、子どもたちが、しばしば教師が期待した道徳的作用とは逆の道徳的感情をこれらの作品から受け取っていることを紹介しています。

それによれば、アメリカのある学校で『トム・ソーヤの冒険』の読後の感想を聞いたときに、何人かの子どもがアメリカにもう奴隷制度がないことについての苦情を口にしたといいます。また、クルイロフの寓話『とんぼとあり』の授業などでも、同様に教師の意図とは逆に、まじめに労働するありよりも楽しく遊んで暮らすとんぼに好感を抱いた子どもがいたといい、「書物が子どもにどのような道徳的作用をおよぼすかを前もって断言することはけっしてできない」と述べています。このような教育は、「多様であり得る解釈と道徳的帰結の心理学的事実をまったく考慮しないで、いつもあらゆる芸術作品を一定の道徳的ドグマのもとに追い込み、そのようなドグマの習得に安んじている」と、痛烈に批判しています。

美的体験の本質と根本的に矛盾することはもとより、芸術的知覚や作品に対する美的関係の可能性をだいなしにする作用をおよぼすものだということに気づく必要がある。このような見方のもとでは、芸術作品がそれ独自の価値を失い、一般的な道徳的命題の例解のようにされてしまう。……そして実際にこのような理解のもとでは、美的能力や技能が育てられ、創造されることがないばかりか、また美的体験の形式の柔軟性、デリケートさ、多様性が伝えられないばかりか、反対に、生徒の注意を作品そのものからそれの道徳的意味のほうに移すことが教育的規則にされてしまう。その結果は、美的感情の組織的殺害である。

（『教育心理学講義』二四三頁）

文学と現実とのかかわり

美の教育におけるもう一つの有害な思いちがいは、社会的・認識的性格のものではあるけれども、美意識とは関係のない課題や目的を押しつけていることだとヴィゴツキーはいいます。美の教育を、「生徒の認識を拡大する手段として」利用しようとするものへの批判です。

文学的真実と実際の真実とはきわめて複雑な関係にある。現実は、芸術のなかではつねにいくらかの変貌・変形をさせられており、芸術の現象から生活の現象へその意味を直接に転移させることはけっしてできない。（『教育心理学講義』二四五頁）

そうした場合、「私たちは現実をまちがって理解するばかりか、授業における純粋の美的要素をもまったく排除する恐れがある」（『教育心理学講義』二四四頁）のです。

私がここですぐに連想したのは、わが国で一時たいへん有名となった『坂の上の雲』など、司馬遼太郎の一連の歴史小説でした。ヴィゴツキーはこう述べています。

芸術作品は、けっして現実を十分に正しくリアルに反映せず、現実の諸要素のなかに一連のまったく関係のない要素を持ち込んだきわめて複雑な加工の産物である。

（『教育心理学講義』二四四頁）

学校における文芸作品の読み方でも、「吟味読み」の指導が必要であることの所以を正しく指摘しているといってよいでしょう。

快楽的反応を呼び起こす手段としての芸術

つぎに、ヴィゴツキーは、「美的体験のあらゆる意義を、それが子どもに呼び起こす満足や喜びの直接的感情に帰着させてしまう」通説を批判します。ここでは、「芸術作品は、快楽的反応を呼び起こす手段」として論じられ、現実的な刺激と同列に置かれてしまっているというのです。

しかし、「現実の具体的体験の直接的力のほうが、想像的感情よりもはるかに強い」のが、子どもの心理の特質です。このような芸術教育では、子どもに「楽しい」とか「喜び」の感情を引き起こすうえでは、お菓子やスポーツなどの現実的な力には到底およばないだろうというのです。

芸術作品の残効＝後作用

このように考えたヴィゴツキーは、これまでの教育は、「それ（美育）に固有の目的ではなく、まったく関係のない目的をそれに押しつけようとして袋小路に陥ってきた」と批判します。しかし、彼は「芸術の認識的、道徳的、情動的価値」をまったく否定するのではありません。「それらは、すべて疑いもなく存在し得るが、しかしつねに二次的モメントとして、つまり十分に美的働きを遂行したあとに発生する、芸術作品のある残効（後作用）として存在するもの」だというのです。

ヴィゴツキーはチェーホフの物語『家で』を例にとります。『家で』は、こんな話です。父親のタバコを盗んで吸った息子に、父親が話をして納得させようとします。しかし、どのように話して聞かせても、子どもの独特の見方が障壁になり、父親の訓戒は子どもに届きません。あきらめた父親が話を打ち切り、息子を寝かしつけようとして、たわいのない王様のおとぎ話をベッドで聞かせたところ、息子はそのおとぎ話によって「もうタバコを吸わない」と父親に誓うのです。

この物語のように、父親が息子の寝る前に聞かせた寓話が思いがけず、道徳的効果を子どもに及ぼすことがあります。しかし、このような「芸術性の道徳的作用は、偶然的・副次的なものであるかもしれず、道徳的行為の教育をそれに基づいて行なうことは、無思慮で不確かなこと」なのです。

芸術の認識的後作用もこれとまったく同じです。

たとえば、文学作品のなかに一定の歴史的・地理的事実が反映されていることも確かなので、ときに芸術作品が「何らかの現象分野に関する私たちの見方を実際に拡大し、それらを新しい目で眺め、一般化し、しばしばまったくばらばらの事実を結びつけることを可能にする」ことはあります。

また、芸術作品による満足や楽しみといった要素が、「そのような残効として存在し、私たちの感情の流れに教育的影響をおよぼす」こともあります。

しかし、それらは「芸術の基本的作用と比べればつねに副次的なもの」なのです。

小説や詩から自分たちの心情を引き出し、オペラや口承英雄叙事詩から歴史の知識を、寓話から道徳を引き出す社会は、これらのそれぞれの分野でいくらかでもしっかりした確固たる段階に達することはけっしてないだろう。

（『教育心理学講義』二五五頁）

美的反応の心理学的特徴

では、ヴィゴツキーは、芸術の基本的作用、つまり「美的反応の心理学的特徴」をどのように考えていたのでしょうか。

「（美的反応の）究極の目的は何らかの現実的反応を繰り返すことではなく、それに打ち勝ち、勝利すること」（『教育心理学講義』二五二頁）にあるのだとヴィゴツキーはいいます。美的体験は、「将来の行動へのエネルギーをたくわえ、それに新しい方向を与え、世界を新しい目で眺めさせる」（『教育心理学講義』二五五頁）のです。

たとえば、「悲哀」をうたった詩の究極の目的は、悲しみだけを伝えることではありません。他人の感情に引き込むことではなく、その感情を乗り越えることが目的なのです。

この「心理学的法則」のもっとも明瞭な反映として、ヴィゴツキーは悲劇や喜劇の例を出してきます。

悲劇は、つねに破滅について語り、アリストテレスの定義に従えば、私たちに恐怖、憤激、憐れみを呼び起こす。私たちが、もしも悲劇をこのような感情の高揚なしに、軽い微笑みを浮かべて鑑賞するときには、悲劇の作用は、もちろん何も残さないだろう。……悲劇を体験するとき、私たちは必ず破滅が近づくにつれて成長し、私たちに恐怖や感嘆の感情を抱かせる主人公に対し同情的態度をもつようになる。したがって、楽しみの源は別のところに求めなければならない。そして、もちろん私たちは、それをカタルシス（精神的浄化）、すなわち、悲劇によって呼び起こされた情熱の解放のなかにのみ見出す。芸術の究極の目的もそこにあるのである。……

これとまったく同じように喜劇も、それ自身はむかつくような、下劣な、一見まったく不可解なしかたで高い楽しみをもたらす。ゴーゴリの小説『検察官』には、美しく響く言葉はひと言もなく、反対に、著者はロシア語で油の切れたような、きしむ乱暴な言葉のすべてを探そうとしている。そこには、いやらしくない人物は一人もおらず、俗悪でない事態は一つもなく、いくらかでも明るい考えは一つも述べられていない。それにもかかわらず、俗悪でいやらしいことの積み重ねのなかで、ある特別の意味が現れ、明らかにされている。ゴーゴリは、それを笑いのなかに、すなわち、観衆が自ら付加するもので、喜劇のなかには含まれていない心理的反応のなかにまったく正しく感じ取っている。この喜劇には笑いはない。反対に、そこではみなが深刻な事態を気にやんでいるのだが、すべての材料が必ず観衆に大きな笑いの反応を呼び起こすように組織されている。……

矛盾、内面的反発、克服、勝利は、美的演劇の不可欠の構成要素である。無形象のなかにそれのもつあらゆる力を見てとることが、その後、笑いのなかでその上に昇るためには必要である。悲劇の主人公とともに八方ふさがりの破滅を体験することが、わっという嘲笑の声とともにその上に昇るためには必要なのである。芸術は、このような弁証法的で、行動を建て直すような情緒をそれ自身のなかに抱いている。それゆえ、芸術は、つねにカタルシスによって解決される内面的闘いのきわめて複雑な活動を意味する。

(『教育心理学講義』二五六〜二五八頁)

2　芸術教育の目的は何か

芸術作品の知覚と人間の才能について

このように美的反応をとらえてきたヴィゴツキーは、芸術教育の目的に関係して、二つの基本的命題を提示します。

まず、芸術作品の知覚（受容、ないし理解）は、受動的な活動ではなくて、「創造的な活動」なのであり、「芸術における創造と知覚の活動の同一性は基本的な心理学的前提」だというのが、ヴィゴツキー理論の第一の根本命題です。

（芸術作品の知覚は）けっしてだれにも可能なのではなく、難しい骨の折れる心理活動であり、……きわめて複雑な構成活動が、聴く人や見る人によって行われる。その活動は、外的印象に基づいて知覚者自身が構成するものであって、私たちが芸術の対象と結びつける内容や感情のすべては、その対象に含まれているのではなくて、私たちによって持ち込まれるのであり、私たちがそれらを芸術の形象のなかに感じとるのだ。

（『教育心理学講義』二四六頁）

たとえば、絵とは、カンバスに一定の色をつけたものにすぎません。そのカンバスを見る人が、それをある対象や行為の描写であると認識するという複雑な想起、思考の連合がなければ、カンバスは絵に転化しないのです。

シェイクスピアであることとシェイクスピアを読むこととは、かぎりなく程度の異なる現象ではあるが、……性質においてはまったく同じである。読者は、詩人と（心理活動において）同じでなくてはならない。芸術作品を知覚（受容）しながら、私たちはいつもその作品をまるで新たに再創造しているようなのだ。その受容過程は、創造過程の繰り返し、再生の過程と定義することができる。

（『教育心理学講義』二五一頁）

ヴィゴツキーがこの論文で提起している第二の基本的命題は、人間はだれもが「生来豊かな才能」をもっているという仮定です。

人間が生来豊かな才能をもっているという見解は、……ますます多くの支持者を得ている。……以前のように、どうしてある人々は多くの才能をもっているのかを問うのではなく、どうしてある人々は才能が少ないのかを問うようになった。なぜなら、人間に最初に与えられている才能の高度な水準は、おそらく心理のあらゆる分野における基本的要因であり、したがって才能の減少や喪失の例こそが説明されなくてはならないからである。……すべての創造性教育とも同様に、美の教育の課題は、通常の場合、人間には高い才能があり、偉大な創造的能力が存在するという仮定に基づかねばならず、このようにしてその能力を発達させ、保持するように教育作用をほどこし、方向づけなくてはならない……私たちのだれもがシェイクスピアの悲劇やベートーベンの交響曲の協力者となることを可能にする創造的能力は、私たちのだれにもシェイクスピアやベートーベンとなる可能性があることを明瞭に示している。

（『教育心理学講義』二七三頁）

この命題に従い、才能ある子どものための教育と、普通の平均的な子どものための教育というように、芸術教育を分けて考える必要はなく、むしろ統一した教育体系をつくるべきだとヴィゴツキーは述べています。

「創造性」と「技術」と「美的鑑賞」

ヴィゴツキーは芸術教育には、三つの課題が立てられるだろうといいます。

①創造性の教育
②芸術のあれこれの技術を教える教育
③美的鑑賞、すなわち芸術作品を知覚し、味わうことの教育

ヴィゴツキーは、子どもの創造性を賛美するトルストイの教育論などを批判的にとりあげながら、これら三つの教育の課題についてなかなかに鋭い考察を行っています。

芸術教育における「創造性」と「技術」と「美的鑑賞」の三つの課題は、相互に関連があるし、相互に結びついて行われなければならないということを、ヴィゴツキーはとくに強調

します。

たとえば、トルストイは、彼の有名な論文「だれがだれに書くことを学ぶのか、農民の子どもがわれわれにか、われわれが農民の子どもにか」において、子どもの創造性をゲーテやトルストイの創造力にも匹敵するものであるかのように見ていますが、そのために彼が「芸術において高度な技量の要素が果たす巨大な意義（この技量は、だれにとっても明らかなように、教育の結果、現れるものである）を考慮していない」ことをヴィゴツキーは批判します。

教育の結果、現れる「この技量は、芸術の技術的習熟だけでなく、はるかにより多くのもの（自分の芸術の法則に関するきめ細かな知識、様式の感覚、構成的才能、美的感覚など）を含んでいる」というのです。トルストイのような見方・考え方について、ヴィゴツキーはこう述べます。

この見解の疑いもない誤りは、子どもの創造性の見本についての過大評価と崇拝、そして自然発生的な想像力は偉大な緊張の見本を創り出すことはできたとしても、つねにきわめて初歩的で素朴な、本質的に貧しい形式の狭い領域内にとどまるものであるということを理解しなかったことにある。

（『教育心理学講義』二六一頁）

したがって、芸術教育には、それぞれの芸術の技術の教育が必要ですが、そこで必要な原則があります。

普通教育の問題としての芸術の技術の専門教育は、最小限にまで短縮された一定の枠内で導入される必要があり、美育のほかの二つの路線（子ども自身の創造力とその芸術鑑賞の教養）と結びつくことが肝要であり、技術を乗り越えて創作論（創作すること、あるいは理解すること）を教えるような技術教育のみが有益である。（『教育心理学講義』二六三頁）

三つめの芸術鑑賞の教育については、もっとも検討されることが少なかった問題であることを指摘します。それは、「見て聴いて、喜びを得ること――それはまったくどのような特別の教育も必要としない、たやすい心理活動だと思われていた」からですが、そのことがじつは、「普通教育の重要な目的・課題となるものである」とヴィゴツキーは述べています。

公教育の一般的構造は、個人的な限られた経験の枠を最大限に広げ、子どもを生活のできるかぎり広い網のなかに取り込むように、これまでに蓄積されてきた社会的経験の広大な領域と子どもの心理との接触を組織することに向けられている。この一般的課題が、美の教育の進路をも完全に決定する。人類は芸術のなかにすばらしい巨大な経験を蓄積してきており、それと比べると家庭的創造や個人的達成のあらゆる経験は、取るに足りない微々たるものと思われるほどである。それゆえ、普通教育システムにおける美の教育について語るときには、つねに子どもをこの人類の美的経験に参加させること、すなわち子どもをその不朽の芸術にじかに触れさせ、そのことをとおして人類が自分の心を芸術に昇華させながら、何千年もかけてなし遂げたその世界的作業のなかに子どもの心を取り入れることについて考慮することが必要である。これこそが基本的な課題であり目的なのである。

（『教育心理学講義』二六三頁）

芸術作品の理解というのは、論理的解釈の難しいものであり、特別の専門的訓練、特別の能力を必要とすると述べていますが、他方で美の教育を生活そのもののなかに持ち込むことにも重要な意義があるとしています。

芸術は、現実を虚構（ファンタジー）の構造に変えるだけでなく、事物・対象・状況の実際的加工を行うものである。住宅や衣装、会話や読書、学校の祭典や遠足――これらすべてが等しく美的加工のうってつけの材料となりうる。

美しいことは、まれな祝祭日だけのものから日常的生活の要求に変わらなくてはならない。創造的努力は、子どものすべての運動、すべての言葉、すべてのほほえみに浸透しなくてはならない。ポチェブニャは、電気が雷の鳴るところにだけあるのではないのとまったく同じように、詩も芸術の偉大な作品にだけあるのではなく、人間の言葉が聞こえるいたるところに存在すると、すばらしい表現で語っている。この「それぞれの瞬間」の詩こそが、おそらく美の教育のもっとも重要な課題となるものだろう。

しかし、その際注意しなくてはならないのは、生活のなかに持ち込まれるまちがった芸術性のきわめて重大な危険性である。それは、子どもを容易に気障な、もったいぶったやり方に移行させる。顔色の動きや歩きぶりなどに持ち込まれる「美」ほど趣味の悪いものはない。生活の装飾ではなくて、現実の創造的加工――日常的経験を解明し、創造の水準にまで高める自分自身の運動や事物の創造的加工が行動原理とならなくてはならない。

（『教育心理学講義』二六三～二六四頁）

このような芸術教育の目的が十分に達成されていない、もしくは考慮されていないわが国の現状を見ると、この面でもヴィゴツキーに学ぶことはきわめて多いことがわかります。

第7章

障害児の発達と教育

1　一次的障害と二次的障害

障害児教育の専門家としてのヴィゴツキー

　ヴィゴツキーは、一九二四年にモスクワにやってきて心理学研究所の研究員になると同時に、教育人民委員部の障害児教育課主任としての仕事を兼務しました。教育人民委員部で勤務するにあたり、個人調書の「どのような部門で働くのがもっとも向いていると思うか」という質問項目に対して、彼は、「盲聾唖児教育部門」と答えているのです。自分の心理学理論を教育行政の実際的仕事に応用するうえで、「盲聾唖の障害児教育」をもっとも適切な部門だと考えたのでしょう。

　ヴィゴツキーは、前にも述べたように当時のロシアにおける心理学研究を一変させるような研究方法論を提起し、その確立に寄与したのですが、障害児の研究分野でも同じように当時の「障害学」に革命をもたらすような働きをすることになりました。ヴィゴツキーは、障害の構造を「一次的障害（盲、聾などの生物学的基礎を有する器質的障害）」と「二次的障害（一次的障害を基礎として社会的・集団的生活のなかで生じる障害）」とに分け、教育の可能性がもっとも大きいのは、一次的障害への対策ではなくて、二次的障害への対策（集団生活の改善）であることを強調したのです。

要素的機能の発達不全が、しばしばあれこれの障害の直接的結果であるとしたら（たとえば、視覚障害における運動機能の発達不全、難聴におけることばの発達不全、知的障害における思考力の発達不全など）、障害児における高次の機能の発達不全は、普通、彼の第一次的特質を基礎にして、それに上乗せされた付加的・第二次的現象として生じる。

（『障害児発達・教育論集』一七三頁）

従来の障害児教育は、目が見えない、耳が聞こえないといった障害を補償するための感覚運動的訓練や教育にもっぱら力を入れていて、より高次の精神活動の教育を後回しにしていました。ヴィゴツキーはそれを逆転させ、「障害児の発達の最大の可能性は、低次の領域の機能よりも、むしろ高次の機能にある」ことを明らかにしたのです。
ヴィゴツキーのこのような見解が最初に公の場で提起されたときの模様を、ある学者はつぎのように回想しています。

一九二四年の会議から戻ってきた障害学者たちは、前回の会議から戻ってきたときとはちがっていた。彼らはまったく別人のようによみがえってこの大会から戻ってきた。ここで重要だったのは、ヴィゴツキーの報告だった。そのとき、はじめて多くの障害学者たちは彼を知った。ヴィゴツキーの報告は、文字どおり青天の霹靂で予期せぬものであり、すべての障害学者たちを一変させた。ヴィゴツキーの報告は、はじめはかなりいぶかしげに受け取られ、大多数の人々は周囲をうかがい、時折肩をすくめて憤慨し、当惑を隠さなかった。まるで嵐のようなつらい結末を待つかのようであった。しかし、ヴィゴツキーの奥深い確信、魅力的な声、真なる教養と学識が随所に示されていた。すべての人々は、自分たちの前にいる人物が、無責任で血の気の多い若者ではなく、障害学の指導者に値する偉大な知性の持ち主であることをしだいに理解しはじめた。憤慨したり、周囲をうかがったり、肩をすくめていた人々は、しだいに少なくなっていった。突如として障害学にやってきた新人で、まだよく知られていなかったにもかかわらず、どことなく特別で将来を期待できるこの人物に、しだいにすべての人々が、とりわけ鋭い注意を向け、注目し、まだ半信半疑とはいえ、すでにかすかな尊敬心を感じ、聞き入ったのである。この会議は、古いソビエト障害学と新しいソビエト障害学とのあいだに敷かれた輝かしい路線となった。

（レオンチェフ『ヴィゴツキーの生涯』菅田洋一郎監訳、新読書社、一一九～一二〇頁）

集団のなかで発達するということ

ヴィゴツキーの障害児教育論の真髄ともいえるのは、障害児教育の最大の可能性は、二次的障害――一次的障害のために社会的・集団的生活が不足することから生じる障害――への対策、つまり集団生活の改善による高次の精神機能の発達にあるという考えでした。

ヴィゴツキーにこのような問題提起を可能にさせたのは、

あらゆる高次の精神機能は、子どもの発達において二回現れる。最初は、集団的活動・社会的活動として、すなわち精神間機能として、二回めには個人的活動として、子どもの思考内部の方法として、すなわち精神内機能として現れる。

（『発達の最近接領域の理論』二一～二二頁）

という基本的・一般的法則を、さまざまの研究をとおして彼が確信していたからだと、私は思います。

前にも述べたとおり、高次精神機能の集団的起源に関するこの法則を、ヴィゴツキーは、ことばの発達の具体的・典型的事例でもって明らかにしました。

ことばや思考の発達、道徳的判断や意志の発達は、周囲の人や子どもとの協同から、つまり子どもの社会的経験から発生します。この協同の集団的形態が行動の個人的形態に先行し、個人的形態は集団的形態に基づいて発達するという法則は、〈発達の最近接領域〉の理論とも結びついていることは前にも指摘したことです。

個人的思考の過程では、一定の立場を点検し、証明したり、反論するような課題、主張を根拠づけるような課題が生じることはありえない。自分の考えの正しさを証明したり、反論したり、論拠をあげること――このような課題は、子どもの口論の過程でのみ生じる。

（『障害児発達・教育論集』一七二頁）

自己の行為を仲間の活動と調和させる能力――要するに、意志的過程と呼ぶに値する一次的なセルフコントロールの要素が、最初は何らかの手段的活動形態のなかで発生し、姿を現わす。その例となり得るのが、ルールのある遊びである。一定の遊びのルールに行動を従わせる結果を導くこの協同の形態は、その後、子どもの内的な活動形態、意志的過程となる。

（『障害児発達・教育論集』一七二〜一七三頁）

そして、このような「精神発達を支配する法則は、健常児についても障害児についても基本的に同じであるという一般的命題」に立ち、ヴィゴツキーはつぎのように述べています。

子どもの人格の発達は、どんな場合でも子どもの集団的行動の発達の関数として現れる。そしてどこでも、行動の社会的形態が個人的適応の領域へ転移するという同一の法則が観測される。この法則は、すでに述べたように、障害児の発達、および高次精神機能の発達不全を正しく理解するうえで特別の意味をもっている。

（『障害児発達・教育論集』一七三頁）

高次の機能の発達不全は、障害の二次的な上部構造である。その発達不全は、私たちが集団からの障害児の脱落と呼び得る事実から生じている。この場合の過程は、およそつぎのように進む。子どものもっているあれこれの障害から、集団的コミュニケーション、その子どもと周囲の人々との協同や相互作用の正常な発達を妨害する一連の特質が生じる。集団からの脱落、あるいは社会的発達の困難そのものが、高次精神機能の発達不全の原因となる。

（『障害児発達・教育論集』一七五〜一七六頁）

ヴィゴツキーは晩年、精神病理学の研究の必要を感じると、はげしい研究活動に従事しながら、ハリコフ医科大学に通信教育で入学し、試験も受けて三年課程を修了していますが、その関係もあって医学との比較を自分の論文でよく行っています。この障害児教育論の場合もそうで、右で述べたことを、さらにつぎのように言いかえて説明しています。

基礎的機能に発達不全があるとき、私たちは多くの場合、その発達不全を引き起こした原因を取り除くことには無力である。したがって、私たちは障害の原因と闘うのではなく、その発現形態と闘い、病気と闘うのではなく、症状と闘うのである。しかし、高次精神機能の発達においては、その発現形態にではなく、原因そのものに働きかけることができるのであり、症状と闘うのではなく、病気そのものと闘うのである。医学では、病気の個々の苦しい症状を取り除く対症療法とはちがい、病気の原因を取り除く原因治療法が真の治療法であるのと同じように、治療教育学は、原因に対する教育作用と対症療法的教育作用とを厳密に区別しなければならない。高次精神機能の発達不全のもっとも近い原因を除去する可能性は、障害児の集団活動の問題を前面に押し出す。まさにこの点で、それは教育学に対して、じつにはかりしれない可能性を切り拓く。

（『障害児発達・教育論集』一七六頁）

ヴィゴツキーは、このように「集団的活動のなかで経験する困難こそが、高次精神機能の発達不全の原因」だと主張し、そのために子どもたちの集団のあり方を問題にしていきます。

2　知的障害児と集団のあり方

知的障害児の集団形成

ヴィゴツキーは、知的障害児の集団について研究を行い、障害児教育のあり方にも深く関係する、彼らの集団形成のきわめて興味深い法則性を明らかにしています。

この分野でも従来の教育学はまちがった考え方をしていたと、ヴィゴツキーは批判します。それは、生徒のグループを知的発達のレベルによって選別し、まとめるやり方です。障害が同じ程度の子どもたちが最善の集団を形成すると考えられていたのです。

ヴィゴツキーたちの研究によって明らかにされたのは、自然に放っておくと、障害児たちはけっしてこの法則に従ったグループに分かれはしないということでした。自由なグループ分けでは、知的発達のさまざまな水準の子どもたちにまじって重度の障害児も入ってくるのです。

このような集団に関する観察と分析の結果、障害児教育の専門家クラススキーが到達したつぎのような定式化に、ヴィゴツキーは同意しています。

すなわち、もっとも重度の障害児と中程度の障害児、中程度の障害児と軽度の障害児は、子どもたちがもっとも多く惹かれる、もっとも望ましい組み合わせだということです。

そこでは、社会的態度において相互奉仕のようなことが起こります。知能がより高い者は、知能と活動性のより低い者に対して自分の社会的積極性を発揮する可能性を見出します。そして、後者は、彼にはまだできないことをより積極的な者との社会的交流をとおして習得します。それは、知能の低い子どもがしばしば無意識に理想とし、獲得したいと思っていることなのです。

仲間のあいだでの相互作用

この裏付けとして、ヴィゴツキーはデ・グレーエフの研究を紹介しています。

デ・グレーエフは、知的障害児に、自分自身、自分自身の仲間の障害児、大人の教育者の知能を評価させました。すると、知的障害児の多くは「自分自身、仲間、大人」の順だと答えたといいます。なぜ、仲間の障害児が大人よりも賢く見えるのかというと、「彼らのあいだでは集団的協同、コミュニケーション、および相互作用が可能だからである。一方、障害児にとって大人の複雑な知的生活を理解することは無理」だったのです。

ヴィゴツキーは、これらの研究に基づいて「集団の教育学が、障害児教育の構造全体のなかでもっとも重要な意義をもっている」ことが明らかになったと結論づけたうえ、つぎのように述べています。

いまや、障害児の均質な集団を便宜上選び出すという規則が、どれほどひどく反教育的であるか明らかである。それを行うことは、子どもたちの発達の自然的傾向に逆行するだけでなく、はるかに重要なことだが、知的障害児から集団的協同活動や、自分よりも上にいるほかの子どもたちとの交流を奪うことによって高次な機能の発達不全をもたらしている直接の原因を軽減せず、むしろ強めてしまう。放っておかれた重度障害児は、より上のレベルにあこがれる。つまり、重度の障害児は中程度の障害児に、中程度の障害児は軽度の障害児にあこがれる。知的水準のこの差は、集団活動の重要な条件である。ほかの重度障害児たちのなかにいる重度障害児、あるいはほかの中程度障害児のなかにいる中程度障害児は、発達の生き生きした源泉を奪われているのである。

（『障害児発達・教育論集』一七九頁）

そして、ヴィゴツキーは「私たちには、障害児と健常児の協同集団がどのような価値を獲得するのか、グループの選別やグループ内の知能レベルの比率がどのような重要性を獲得するのかがわかってきた。この事例に、私たちは障害児の教育全体の一般法則となるだろうと思われる教育学の基本法則を見出す」（『障害児発達・教育論集』一八〇頁）とまとめています。

第8章

教育における環境と教師の役割

1　環境を変えることで子どもを教育する

『教育心理学講義』の魅力

ヴィゴツキーの著書・論文は、どれを読んでも刺激的で、教えられることが多いのですが、『教育心理学講義』（一九二六年）ほど私にとって興味深く読めた本はほかにありませんでした。

この本の魅力は、なによりも、『芸術心理学』（一九二五年）と並んでヴィゴツキーのもっとも初期、三十歳前の著作であり、才気あふれる「心理学のモーツァルト」にふさわしい若さと魅力に満ちているということです。しかもロシア革命（一九一七年）直後の高揚した雰囲気がなお漂っている時代のその教育論からは、明るい未来建設への期待と情熱が伝わってきます。

そして第二に、この本の「まえがき」でヴィゴツキー自身が書いているように、この『教育心理学講義』は、教師が教育の現場で日々直面している「実践的性格の課題」にどう立ち向かうかについて、心理学者の立場から「教育過程の科学的理解」に基づいて援助の手を差しのべようとする「実践的性格」の書だということです。ここには、彼が白ロシアの中学校や師範学校で文学、美学、論理学、心理学、教育学を教えた経験も反映されています。
『教育心理学講義』の章立ては、つぎのようになっています。

第一章　教育学と心理学
第二章　教育の生物学的要因と社会的要因
第三章　教育の対象、メカニズム、手段としての本能
第四章　情動的行動の教育
第五章　注意の心理学と教育学
第六章　記憶と想像
第七章　行動の特別に複雑な形態としての思考
第八章　労働教育の心理学
第九章　子どもの年齢的発達と社会的行動

第十章　道徳的行動
第十一章　美の教育
第十二章　心理学と教師

この本で扱われている内容が、人格の形成に直接かかわる道徳教育、労働教育、あるいは情動や感情の教育など、わが国では訓育論・生活指導論として論じられるような教育問題に大きく傾斜していることがおわかりになるでしょう。ヴィゴツキーが、このような教育問題について、心理学者というよりもむしろ教育学者として教師に直接に語りかけるというようなことは、彼ののちの著書・論文にはほとんど見られないことです。その意味で、彼の教育論が直接に読みとれる唯一の貴重な本だといえるでしょう。

この章では、本書のまとめとして、『教育心理学講義』の「第十二章　心理学と教師」を中心に、教育における教師の役割についてのヴィゴツキーの考え方を紹介したいと思います。

人間行動の変革の法則

ヴィゴツキーは、教育心理学がどのような学問であるかに関して、きわめて簡潔に、「教育心理学は、人間行動の変革の法則、およびその法則を身につける方法についての科学」だと定義しています。

では、この「人間行動の変革の法則」として、この書ではどのような法則があげられているのかと見ていった場合、最初にもっとも注目されるのは、つぎのような記述です。これは、ヴィゴツキーが考える「人間行動の変革の法則」を集約的に表現したものといってもよいでしょう。

このようにして、教育過程は三面的な積極性をおびることになります。生徒の積極性、教師の積極性、それらのあいだにある環境の積極性です。それゆえ、教育過程は、何よりも柔和で穏やかな、波乱のない過程として理解してはならないものです。反対に、教育過程の心理学的性質は、それがきわめて複雑な闘争であることを示しています。そこには何千という複雑な力が投入されるので、教育過程は成長のゆっくりとした進化的過程ではなく、飛躍的で革命的な、人間と世界との絶えざる格闘の過程を思わせるような、ダイナミックで活発な、弁証法的過程なのです。

（『教育心理学講義』三四頁）

ヴィゴツキーのいう、生徒・教師・環境の三面の積極性を、もう少しくわしく見てみましょう。

生徒自身の積極性

「教育過程の基礎には、生徒自身の活動が置かれねばなりません。あらゆる教育技術は、この活動を方向づけ、調整することだけに向けられねばなりません」（『教育心理学講義』二六頁）とヴィゴツキーはいいます。

これは、生徒が「受動的」になっていた伝統的な学校のあり方に対する批判からきた命題といってよいでしょう。

生徒の個人的経験を軽んじる生徒の受動性は、科学的観点からいえば最大の誤りです。なぜなら、教師がすべてであって、生徒はゼロというまちがった規則を原理としているからです。反対に、心理学的観点は、教育過程では生徒の個人的経験がすべてであるということの承認を求めます。教育は、生徒を教えるのではなく、生徒が自分で教えられるように組織されねばなりません。

（『教育心理学講義』二六頁）

だからといって、「生徒がすべてで、教師はゼロ」というのではけっしてありません。教育過程において教師が重要な役割を果たすことを、ヴィゴツキーは認めています。ただし、それは、生徒への直接的影響というよりも、「社会環境をとおして生徒に間接的影響をおよぼす」という意味においてで、教師は「環境を変えることで子どもを教育する」というのです。

教育的社会環境の組織者としての教師

教師は、心理学的観点からいえば、教育的社会環境の組織者であり、その環境と生徒との相互関係の調整者、管理者です。（『教育心理学講義』二七頁）

教師は、一方では、社会的教育環境の組織者・管理者であり、他方では、この環境の一部分です。（『教育心理学講義』二九頁）

ヴィゴツキーは、このようにして教育過程において教師が果たす役割と同時に、環境が果たす役割を強調しています。ヴィゴツキーが、子どもの発達と教育において社会環境が果たす役割をこのように重視することはめずらしいことで、ほかの著書・論文ではまず見られないことです。

どのように述べているか見てみましょう。

教育は、生徒自身の経験をとおして実現されます。その経験は完全に環境によって決定されるものであり、そこでの教師の役割は、環境を組織すること、規制することにあります。

（『教育心理学講義』二九頁）

社会的環境を変えれば、ただちに人間の行動も変えられるのです。……社会環境は教育過程の真の梃子です。教師の役割は、すべてこの梃子を制御することにあります。……（園芸家は）環境を適切に変化させることによって、花の発芽に影響をおよぼします。それと同じように、教育者も環境を変えることで子どもを教育するのです。

（『教育心理学講義』二七頁）

つまり、教師は、環境を変えることをとおして、生徒に間接的に影響を及ぼすのですから、直接的には、環境が子どもを教育するということになります。

教師の子どもへの働きかけは、主としてことばを媒介にし、だれにも目に見え、耳に聞こえるものであって、わかりやすいのですが、ヴィゴツキーは、そのような「教師が直接的な教育的影響をおよぼすこと、直接に『他人の精神をつくる』」というようなことについては否定的です。「厳密にいえば、科学的観点に立てば、他人を教育することはできません」とまでいいます。

そして、環境の働きかけという、複雑な要素が含まれていて、つかみどころがないともいえるような環境の役割を強調するところに、多くの常識的な見方とは異なる、ヴィゴツキー教育論の重要な特質があると、私には思われます。

いわゆる道徳教育についての議論が、この問題についてのよい例となるでしょう。わが国では、子どもがおかす道徳的過ちや頽廃を理由にして、戦前の「修身教育」のような道徳教育を学校に復活させようという声がいまだに絶えませんが、ヴィゴツキーは、「道徳の教授、道徳のお説教はまったく無駄な試みである」として否定し、賞や罰をもともなう伝統的な道徳教育をつぎのように徹底的に批判しています。

道徳教育は、成功しなかった場合だけでなく、うまくいったときのほうが、そのまったくの無力さをはるかに多くさらけ出してきたのです。それが望んだことすべてを達成したところほど、道徳教育がひどく堕落したところはありませんでした。……それはせいぜい慎重なよい子、臆病で服従しやすい子、従順でびくびくしている子をつくり出しただけであったことを露呈しました。……「大人のいうことを聞きなさい。そうすればあなたはよい子になるでしょう。いうことを聞かなければ悪い子になるでしょう」――これは、この教育学の大雑把ではあるけれども、正確な定式なのです。

高い道徳的価値が認められたのは、恐怖に裏づけられた服従でしたが、心理学的見地からは、まさに服従こそ道徳教育力をまったく欠いているものです。なぜなら、それは物事や行為に対する不自由で奴隷のような関係を前提としているからです。

（『教育心理学講義』二二八～二二九頁）

そして、このような道徳教育にかわる教育のあり方については、つぎのような提案をしています。

学校は、小さな社会的グループを包み込む内輪の親しい関係からはじめて、つぎにはより広い同志的性格の結合に移行し、最後に児童運動のきわめて広い大きな形態で仕上げをすることによって、子どもの生活を道徳的性格の形成に役立つような数千の社会的結合で貫き、覆わねばなりません。教育についてのつぎのような一般的命題ほど、力と正義をもつものはほかにありません。——教育するということは生活を組織することであり、子どもたちは正しい生活のなかで正しく育つのです。

（『教育心理学講義』二三三頁）

ここでは、「社会的環境を組織する」という言葉が、「生活を組織する」に置き換えられていますが、両者はほとんど同じような意味で使われているといってよいと、私は思います。わが国の学校では、戦前から「生活指導」の長い伝統があるので、むしろ「生活を組織する」といったほうがわかりやすいともいえるでしょう。

2 「学校死滅論」への批判

学校・教師の役割は死滅するのか

さて、このようにしてヴィゴツキーは、教師の生徒に対する直接的働きかけよりも、環境や生活がおよぼす教育的影響をより重視するのですが、「一切合切すべてを環境の積極性のせい」にするわけではけっしてありません。その点では、ロシア革命の直後、「革命の街が最良の教育者である」「生活は学校よりよい教育者だ」などといって、「学校の破壊を教育の課題」とするような考えがあったのですが、ヴィゴツキーは「このような見解はまちがっています」ときっぱりと批判しています。

ところで、このロシア革命後一部の学者たちによって主張された、いわゆる「学校死滅論」をめぐる論争については、わが国でもかつて矢川徳光氏によって紹介されたことがあります

（矢川徳光『ソヴェト教育学の展開』春秋社、一九五〇年）。

それによれば、「学校死滅論」というのは、要するに「社会生活の全環境が人間を（また、児童を）教育するという主張……つまり、教育を社会環境からの影響の総和に解消する考え方」であり、やがて「学校としての学校は死滅してゆく」「教師もまた死滅する」ということを論ずるものです。シュルギンという学者は一九二七年の論文で、またクルペニナはこのような思想を、一九三〇年の論文で主張しているとされています。

このような思想は、ソ連共産党中央委員会が一九三一年八月に発表した決定「小学校と中学校について」においてきびしく批判されました。すなわち、「いわゆる『プロジェクト・メソッド』を学校教育のすべての基礎にしようとする試みは『学校死滅論』という反レーニン主義的理論から生まれてきたものであって、それは事実上学校の破壊をもたらしてしまった」と述べ、マルクス－レーニン主義の名のもとに、「左翼日和見主義的偏向や『学校が死滅』して教師の役割が低下したとする理論との闘争を強化する必要がある」という「決定」を下したのです。

この「決定」により、その後のソ連の学校教育、および児童学や教育学は大きく変貌していくことになりました。「現時点における学校の根本的欠陥は、学校における教授が一般教育面の知識を十分に与えておらず、また中等専門学校、および高等教育施設のために完全に読み書きの基礎ができ、科学の基礎（物理、化学、数学、母国語、地理など）をよく習得した人間を養成するという任務を満足できるほど果たしていないことにある」と「決定」は批判したのですが、結果的にソ連の学校はこれ以後、社会主義教育の理想の追求（学校と生産労働ないし生活との結合、総合技術教育＝ポリテクニズムの推進、プロジェクト・メソッドなど二十世紀初頭の欧米の「新教育」理論の導入）は後退し、上級学校進学のための知識教育偏重の傾向を強めていくとともに、児童学は追放され、教育研究の自由も大きく束縛されていくことになったのです。

学校集団の重要な構成部分として生きる教師

さて、ヴィゴツキーの教育論をここでシュルギンたちの「学校死滅論」や共産党中央委員会の「決定」と比べて、あらためて見直したとき、どのようなことがいえるでしょう。

一九二六年に出版された『教育心理学講義』でヴィゴツキーが説いている「環境」や「生活」重視の教育論には、「学校死滅論」に似たような言説がところどころに見られます。それもそのはず、なにしろロシア革命後、最初に出された教育法令である「ロシア共和国単一労働学校に関する規定」では、「学校教育の基本原理」として「学校生活の基本は生産的労働でなければならない。……学校は、労働の過程と身辺生活とを密接・有機的に結合した学校共同体である」と謳われているのです。この規定は、革命後のロシアの学校教育の基本的あり方を規定したものであって、一九三一年の「決定」が出るまでは、この原理に従ってソ連の学校教育は指導され、運営されていました。

ヴィゴツキーの『教育心理学講義』には、生産労働の教育的意義や総合技術教育の必要性をくわしく論じた章もありますが、その内容は、当時ソ連における社会主義教育建設の最高指導者の一人であったレーニン夫人クルプスカヤの総合技術教育論に近似する内容となっています。

しかし、「学校死滅論」者たちの意見と比べてみると、彼らの一面的な理論のまちがいに早くから気づいており、正しく批判していたことがわかります。たとえば、「学校死滅論」者が教師の役割を消極的にとらえていたのに対して、ヴィゴツキーはつぎのように述べています。

新しい教育学体系では、教師にはわずかな役割しか与えられず、それは教育者のいない教育学であり、教師のいない学校であると思われています。……実際には、教師の役割は無限に増大し、教育を創造的生活に転化させることができるための高度な試験を、生涯、教師に要求することになるでしょう。

（『教育心理学講義』二八六頁）

今日の教育学は、科学的基礎のうえに立つ真に複雑な技術となっています。このようにして、教師には教科の高度の知識と自分の仕事の技術が求められます。

それに加えて、現在の教授法は、学校の気風となるべき積極性と集団主義とを教師に求めます。教師は、学校集団の重要な構成部分として生きねばなりません。この意味で、教師と生徒との関係は、人間関係のあらゆる社会的尺度において、それに等しいものを見出せないほどの強さ、透明度、高さに達する可能性があります。

（『教育心理学講義』二八四頁）

生活環境の教育的意義

「環境」や「生活」の教育的意義についても、つぎのような議論を展開しています。

私たちは、生活のために教育をするのであり、生活が最高の判定人であって、私たちの究極の目的は、何か特別の学校的美徳を接ぎ木することではなく、生活的経験と能力を伝えることであり、生活に参加させることが私たちの究極の目的であることは確かです。しかし、生活にはきわめてさまざまな経験があり、参加にもきわめてさまざまな仕方がありえます。私たちは、そのすべての要素に対し無関心で同じように振る舞い、生活にあるものだからというだけで、何に対しても例外なく「よし」ということはできません。したがって、私たちは、教育過程を生活環境のなすがままにしておくことはできません。……

第二に、環境の諸要素のなかには、ときどき若者たちの身体にきわめて有害で破滅的な影響を及ぼすものが含まれているということに注意を向ける必要があります。……

この二つのこと、一方では、大人の環境と子どもとの不一致、他方では、環境の著しい複雑さと多様性を考慮すると、教育過程の自然発生的原理を拒否し、環境の合理的組織化によって達成されるこの過程の理性的抵抗と制御を、その原理に対抗させざるをえません。

(『教育心理学講義』三〇頁)

このように見てくると、ヴィゴツキーは、革命後のかなり複雑な混沌とした時代状況のなかでもバランスのよくとれた、そして気配りもよくきいた議論を、その教育論においても、児童学研究のうえでも展開していたことがわかります。

しかし、それにもかかわらず、ヴィゴツキーは、前にも述べたように、彼の死後のことですが、きびしい児童学批判の嵐のなかで、ほかの児童学者たちとともに「反マルクス主義」のレッテルを貼られ、その著書・論文はすべて封印されてしまいました。

そして、ヴィゴツキーが、ソビエト国内で復権し、再評価されるだけでなく、世界中にもその名が知られるようになるのは、第二次大戦後、フルシチョフ首相によるスターリン「個人崇拝」批判（一九五六年）が行われたあとの、一九六〇年代に入ってからのことでした。

＊引用・参考文献

引用は、適宜、訳出し直しました。

また煩雑さを避けるため、本文中では、「新訳版」の言葉を略して書名を表記しています。

ヴィゴツキー『新訳版　思考と言語』柴田義松・新訳版、新読書社
ヴィゴツキー『新児童心理学講義』柴田義松ほか訳、新読書社
ヴィゴツキー『発達の最近接領域の理論』土井捷三・神谷栄司訳、三学出版
ヴィゴツキー『思春期の心理学』柴田義松・森岡修一・中村和夫訳、新読書社
ヴィゴツキー『教育心理学講義』柴田義松・宮坂琇子訳、新読書社
ヴィゴツキー『文化的‐歴史的精神発達の理論』柴田義松監訳、学文社
ヴィゴツキー『障害児発達・教育論集』柴田義松・宮坂琇子訳、新読書社
ヴィゴツキー『心理学の危機』柴田義松・森岡修一・藤本卓訳、明治図書
レオンチェフ『ヴィゴツキーの生涯』菅田洋一郎訳、新読書社
レヴィチン『ヴィゴツキー学派――ソビエト心理学の成立と発展』、ナウカ社
ブルーナー『教育の過程』鈴木祥蔵・佐藤三郎訳、岩波書店
ピアジェ『知能の心理学』波多野完治ほか訳、みすず書房
波多野完治『ピアジェの児童心理学』国土社
矢川徳光『ソヴェト教育学の展開』春秋社
スホムリンスキー『教育の仕事』笹尾道子訳、新読書社

あとがき

私は、前々からこのような「入門書」を書くことを考えていました。また要請されたこともあったのですが、なかなか踏みきることができないでいました。私の専門がもともと心理学ではなくて、教育学（教育内容や教育方法）の研究であったからです。ヴィゴツキーの心理学説をわが国ではじめて紹介し、『思考と言語』のロシア語からの翻訳では私のものが諸外国のなかでももっとも早かったようですが、自分の専門外の入門書にはどうしてもためらいがありました。また、その専門分野では十年ごとに行われる学習指導要領の改訂や、それと連動したさまざまの教育「改革」問題をめぐる現場の教師や大学院生との協同研究などに多忙な日々を送ってきて、心の余裕がなかったということもあります。

しかし、この間に私は若い共訳者の協力を得て、ヴィゴツキー関係の書物を十冊も翻訳出版することができました。この翻訳作業をとおして、私はヴィゴツキーの多方面にわたる研究活動について、その全貌をほぼつかむことができるようになってきたという自信が少しわいてきました。なかでも『教育心理学講義』の翻訳は、私にとってヴィゴツキーの再評価につながる大きな意義をもつ仕事でした。この本の内容は、私の専門と大きく重なるところがあり、ヴィゴツキーをいわば「同僚的」な存在としていっそうの親近感をもって見ることができるようになったのです。

ちょうどそんなときに、子どもの未来社の分部恭子さんから、このような本を新書版で出さないかという誘いがあったのです。私は、前々からの念願がいよいよ実現する日がきたかと考え、喜んで引き受けることにしました。

ヴィゴツキーの魅力が、読者のみなさんに十分に伝わったかどうか、少々不安ではありますが、この本をきっかけに、ヴィゴツキーの著書を手に取っていただければ、これほどうれしいことはありません。

数多いヴィゴツキーの本のなかで、どれから読んだらいいのか、という相談を受けることがときどきあります。そのようなときに、私がまず第一に勧めたいと思うのは、『教育心理学講義』です。この本はヴィゴツキーのもっとも初期の著作であり、「心理学におけるモーツァルト」と呼ばれるのにふさわしい若々しさと才気に満ちあふれています。そのうえ、本文でも触れたとおり、教師が現場で直面する課題について、心理学者の立場から援助の手を差しのべようとする「実践的性格」の本でもあります。多くの読者にとって、ヴィゴツキーの世界にいちばん入りやすいのではないかと思います。

そのつぎに読む本としてお勧めしたいのが、ヴィゴツキーの主著ともいえる『思考と言語』です。ヴィゴツキーの晩年の著作であり、子どもの思考と言語の発達の問題を中心として、彼の心理学理論が集約して書かれている濃密な内容の本です。ただし、四百三十ページにもおよぶ分量なので、途中で投げ出してしまう人も出てきます。とくに、初心者は最初の研究方法論から入ると、なんとなく手強いもののようなイメージを抱いてしまいがちです。そんな人には、私は最後の第六章、第七章から読みはじめることを勧めています。

また、幼児教育関係者は『子どもの想像力と創造』や『新児童心理学講義』、小中学校の教師は『「発達の最近接領域」の理論』や『思春期の心理学』、心理学研究者は『文化的－歴史的精神発達の理論』や『障害児発達・教育論集』、および『心理学の危機』など、自分の専門分野に近い本を先に読み、最後の総仕上げとして『思考と言語』にチャレンジする、というのも一つの手でしょう。
何はともあれ、『教育心理学講義』をどの章からでもいい、興味がある章から読みはじめて見てください。ヴィゴツキーの魅力は、すぐそこにあります。

二〇〇六年一月

柴田義松

【著者プロフィール】

柴田義松（しばた・よしまつ）

◉1930年、愛知県生まれ。名古屋大学教育学部卒。東京大学大学院人文科学研究科博士課程終了。1961年、女子栄養大学、1975年、東京大学教育学部、1990年成蹊大学文学部教授を経て、東京大学名誉教授。日本教育方法学会代表理事。総合人間学研究会代表幹事などを歴任。2018年10月逝去。
『教育課程—カリキュラム入門』（有斐閣）、『「読書算」はなぜ基礎学力か』『21世紀を拓く教授学』（明治図書）、『学び方を育てる先生』（図書文化社）、『大学生のための日本語学習法』（編著、学文社）など著書多数。また、ヴィゴツキーをはじめ、翻訳書も数多い。

装丁●山田道弘
本文デザイン●菊池忠敬

寺子屋新書 020

ヴィゴツキー入門

発行日……2006年 3月30日 第1刷発行
2022年 9月 5日 第8刷発行

著者………柴田義松
発行者……奥川隆
発行所……子どもの未来社
〒101-0052
東京都千代田区神田小川町 3-28-7-602
TEL03（3830）0027 FAX03（3830）0028
振替 00150-1-553485
E-mail：co-mirai@f8.dion.ne.jp
http://comirai.shop12.makeshop.jp/
印刷・製本…株式会社シナノ

Printed in Japan ISBN978-4-901330-60-2